행위와 필연

행위와 필연

「앤터니 플루 · 곳프리 베이지 지음 ■ 안세권 옮김 」

철학과현실사

Agency and Necessity

By 앤터니 플루 · 곳프리 베이지

Copyright ⓒ 1987

Korean Translation Copyright ⓒ 2006

by Chulhak-kwa-Hyunsil Publishing Co.,

This Korean edition is published by arrangement

with Blackwell

through Duran Kim Agency.

All rights reserved.

옮긴이의 글

우리들의 일상 생활은 끊임없는 선택의 연속이다. 우리는 우리가 무엇을 선택할 수 있다는 사실을 우리가 그만큼 자유로운 존재임을 나타내는 증거로 받아들이기도 한다. 그러나 다른 한편으로 우리는 우리 자신을 필연적 법칙이 지배하는 우주 자연의 일부로 간주하기도 한다. 즉, 물리적 세계 안에서 일어나는 모든 사건은 그것에 선행하는 원인들이 야기하는 필연적 결과인데, 우리들이 수행하는 온갖 행위도 이러한 인과율의 법칙에서 예외일 수 없다는 것이다.

여기서 한 가지 문제가 생긴다. 그것은 바로 인과율이 지배하는 자연 세계 안에서 인간은 얼마만큼 자유로울 수 있는가 하는 문제다. 만일 모든 사건이 필연적 인과 법칙에 따라 발생하고 인간의 행위도 일종의 사건이라면, 인간은 어떻게 자신이 수행하거나 경험하는 모든 일들에 대한 주체적 행위자임을 자처할 수 있을 것인가? 과연 인간의 행위와 자연의 필연성은 양립할 수 있는가, 아니면 이른바 자유 의지는 인간이 만들어낸 환상에 불과한 것인가?

이 문제는 아마도 플라톤 이래 서양 철학자들이 벌여온 수많은 논쟁 중에서 가장 뜨거운 관심을 가지고 다루어진 문제 중 하나일 것이다. 그 이유는 이 문제가 단순히 자유와 필연이라는 하나의 주제뿐만 아니라, 인간과 자연 전체에 대한 여러 형이상학적, 인식론적, 윤리적, 종교적 관점들과 연계되어 있기 때문이다. 이것은 또한, 이 책의 저자 중 한 사람인 곳프리 베이지가 지적하고 있듯이, 이론적이면서도 매우 실천적인 문제이기도 하다.

난해한 철학적 문제를 간단 명료하게 표현하는 재주를 가진 비트겐슈타인의 도움을 받아, 우리는 이 문제를 다음과 같은 물음으로 옮겨놓을 수 있을지 모르겠다. "내가 나의 팔을 들어올릴 때 나의 팔은 올라간다. 그런데 내가 나의 팔을 들어올린다는 사실에서 나의 팔이 올라간다는 사실을 빼면 남아 있는 것은 무엇일까?" 이 물음은 이 책이 다루고 있는 문제의 핵심을 파악할 수 있는 좋은 실마리가 된다. '내가 나의 팔을 들어올린다'는 것과 '나의 팔이 올라간다'는 것의 차이는 무엇일까? 이 둘은 동일한 하나의 사건일까, 아니면 두 개의 별개 사건일까? 전자에서 후자를 빼면 과연 무엇이 남을까? 우리는 그것의 정체를 정확하게 말할 수 있을까?

이 책은 영국의 블랙웰 출판사가 기획한 『철학의 대논쟁 총서』 중 한 권을 번역한 것이다. 여기서 곳프리 베이지와 앤터니 플루는 위의 물음에서 촉발된 일군의 논변을 두고 한 판의 논쟁을 벌인다. 먼저 베이지는 '내가 나의 팔을 들어올린다'와 '나의 팔이 올라간다'의 차이를 '행위자 원인'과 '사건 원인'의 차이로

규정한다. 이에 대해 플루는 이러한 구분이 중대한 문제점을 지니고 있다고 응수한다. 두 사람은 각자의 입장을 해명하는 과정에서 때로는 의견의 일치를 보기도 하고 때로는 불일치를 확인하면서 마지막 결론을 향해 나아간다. 두 사람의 최종적인 결론은 같다. 그것은, 인간이 '자유로운 행위자'라는 사실은 결코 환상이 아니라는 것이다. 그러나 두 사람이 이 결론에 이르는 과정은 많이 다르다.

자유와 필연이라는 영원한 주제를 두고 벌이는 저명한 두 철학자의 논쟁은 우리에게 철학적 논쟁을 어떻게 할 것인가에 대한 좋은 실례를 제공하고 있다. 이 책에서 독자는 자신의 생각을 엄밀하고 분명하게 표현하고, 상대방의 공격에 맞서 자신의 입장을 설득력 있게 방어하며, 상대방이 제시한 전제와 가정을 효과적으로 분석하고 비판하는 방법을 배울 수 있을 것이다. 철학에서는 내용 못지 않게 방법론과 논리도 매우 중요한데, 이 책은 내용과 논리를 동시에 다루고 있는 전형적인 입문서라고 할 수 있다.

이 책의 또 다른 장점은, 토론의 전 과정을 통해 이 주제와 관련된 철학자와 사상가들의 다양한 입장이 풍부하게 다루어지고 있다는 점이다. 플라톤과 아리스토텔레스에서 시작하여 토마스 아퀴나스, 데카르트, 말브랑슈, 존 로크, 데이비드 흄, 칸트, 비트겐슈타인, 스트로슨 등 주요 철학자들의 핵심 논점이 여러 각도에서 소개되어 있고, 스키너, 파블로프, 윌리엄 제임스와 같은 심리학자들의 견해도 알기 쉽게 풀이되고 있으며, 에이브라함 터커, 로렌조 발라, 조나단 에드워즈 등 잘 알려지지 않은 사상가들의 기여도 흥미롭게 다루어지고 있다. 두 저자는 이들 철학자와 사상가들을 수시로 인용하면서 관련 자료의 출처를 상세히 밝히고 있기 때문에, 관심 있는 독자들은 형편에 따라 깊이 있는 연구도 할 수 있을 것이다.

옮긴이로서 독자에게 특별히 당부하고 싶은 것이 있다. 그것은 철학적 사유에서 언어가 차지하는 비중에 주목할 필요가 있다는 것이다. 어떤 점에서 보면, 철학이란 일상 생활에서 자신이 쓰고 있는 말의 의미를 분명히 깨닫는 반성적 작업이다. 이 책의 주제인 자유와 필연의 문제만 하더라도, 인간이 과연 자유로운 존재인지 아닌지를 따지기에 앞서 우리는 먼저 '자유'라는 말의 의미를 알아야 할 것이다. 마찬가지로, 인간의 행위가 필연적 인과 법칙과 양립할 수 있는지를 알려면 먼저 '원인', '필연성', '결정론', '예정설' 등 여러 기본 개념들의 의미를 정확히 이해해야 할 것이다. 개념의 의미에 지속적인 관심을 두고 읽어나가면 두 사람이 어떤 쟁점을 두고 어떻게 서로 부딪히는지 쉽게 파악할 수 있고, 나아가 누구의 입장이 더 설득력이 있는지에 대한 비판적 평가도 내릴 수 있을 것이다.

끝으로 어려운 여건에서도 이 책의 출판을 위해 애써주신 <철학과현실사> 사장님과 편집부에게 깊은 감사를 드리고 싶다.

2006년 8월
안 세 권

차 례

차 례

■ 철학의 대논쟁 총서 ■

소크라테스 이후 지금까지 '대화'는 철학적 탐구와 해설의 강력한 수단이 되어왔다. 이 총서는 오늘날 철학에서 중요한 논제들을 대화의 형식을 통해 소개함으로써 철학적 논변의 묘미를 획득하고 사상들의 상호 작용이 자아내는 흥분을 전달하고자 한다.

일반적으로 어떤 논쟁이든 항상 두 가지 이상의 측면을 가지고 있고, 또 논쟁을 벌이는 당사자들에게는 서로 불일치하는 점들과 함께 일치하는 점들이 있게 마련이다. 따라서 논쟁은 반드시 선택된 주제의 모든 측면을 다루지는 않으며, 또 인위적으로 양극화된 논변들을 제시하지도 않는다. 이 총서의 목표는 형식 논리학에서부터 현대의 윤리적 문제에 이르기까지 다양한 주제들에 대한 명료하고 접근 가능하며 간결한 일련의 입문서들을 제공하는 것이다. 각 권마다 뛰어난 철학자 두 사람을 초빙하여 현재 논쟁의 초점이 되고 있는 철학적 주제를 해명하고 있는 이 총서는, 학자와 학생 그리고 일반 독자 모두의 흥미를 북돋울 것이다.

첫 번째 에세이가 하나의 특정한 입장을 진술하고 나면 두 번째 에세이는 그것에 대해 응답을 한다. 이러한 대화는 저자들이 서로의 견해를 더 주고받으면서 연속된다. 만약 각 권마다 독자들 사이에 후속적인 토론이나 논변 그리고 논쟁을 계속 촉발시킨다면 이 총서의 목표는 달성된 셈이다.

플라톤의 두 가지 원인

곳프리 베이지

1. 스키너와 인간 행동의 통제

철학에서 중요한 논쟁들 중 일부는 일상의 관심사와 동떨어진 형이상학적 주제들을 다루고 있다. 이 주제들은 심리학자나 사회학자 혹은 사회운동가들이 아닌 오직 전문 철학자들에 의해서만 논란이 되고 있다. 이 논쟁들의 결론은 우리가 어떻게 살아야 하는가, 혹은 우리는 다른 인간들을 어떻게 다루어야 하는가 하는 문제와는 아무런 관련이 없다. 간단히 말해 이러한 주제들은 문자 그대로 '이론적인' 것에 불과하다.

그러나 이 책에서 다루고자 하는 주제는 결코 이와 같지 않다. 그 주제는 행위(agency)와 필연(necessity), 좀더 자세히 말하면 인간의 행위와 인과적 필연성에 관한 문제다. 그것은 우리가 어떻게 살아야 하며 다른 사람들을 어떻게 대해야 하는가 하는 질문들 밑에 깔려 있는 근본적인 주제다. 이 논쟁의 한 가지 가능한 결론에 따르면, 우리가 우리 자신의 삶을 스스로 영위한다는 것은 환상이다. 즉, 우리는 우리가 평소에 하는 행동이 어떤 원인에 의해 유발되고 있다는 사실을 처음부터 모른 채 무지 속에서 살고 있다는 것이다.

바로 이런 문제가 지금부터 다루어질 논쟁거리이기 때문에, 철학 전문가가 아닌 사람들이 이 주제에 대해 글을 쓴다는 것은 조금도 놀라운 일이 아니다. 그 중 한 사람이 바로 스키너(B. F. Skinner : 1904∼1990)다. 1971년에 출판된『자유와 존엄을 넘어서(*Beyond Freedom and Dignity*)』라는 책에서 그는 다음과 같이 쓰고 있다.

우리가 전(前) 과학적 관점이라 부르는 것에 의하면 … 한 인간의 행동은 적어도 어느 정도까지는 자기 자신이 성취한 것이다. 그는 독자적으로 자유롭게 숙고하고 결심하고 행동하는데, 하는 일이 성공하면 칭찬을 받고 실패하면 비난을 받는다. 그러나 과학적 관점에 의하면, 한 인간의 행동은 종(種)의 진화사에까지 소급될 수 있는 선천적 재능과 한 개인으로서 그가 노출되어 있는 환경적 여건에 의해 결정된다. 이 두 관점 중 어느 것도 증명이 불가능하다. 그러나 과학적 탐구의 성격을 감안하면 과학은 후자에 유리한 증거를 제시할 가능이 크다. 우리가 환경의 영향에 대해 알면 알수록 우리는 인간의 어떤 행동도 자율적 제어 능력이 있는 행위자에 기인한다는 주장을 지지할 이유를 찾기 어렵다(스키너 1973, 101쪽).

스키너는 인간 행동에 관한 '전 과학적 관점'이 고대 그리스 철학자들, 특히 플라톤과 아리스토텔레스에게서 유래한다고 본다. 그는 그리스의 물리학과 생물학이 나중에 근대 과학으로 발전한 반면에, 인간 행동에 관한 그리스의 여러 이론은 어느 곳으로도 발전하지 않았다고 말한다. "인간 행동에 대한 그들의 사고 방식은 치명적인 결함을 안고 있었음에 틀림없다"(같은 책, 12쪽)고 그는 말한다. 그 결함이란 행동을 '의도, 목적, 계획, 목표'에 따라 수행하는 '내부의 행위자'(같은 책, 13쪽)에 귀속시키는 것이었다. 그것은 심지어 지성을 가진 오늘날 사람들에게까지 영향을 미친 결함이다. 우리는 행동을 '내부의 사람'에게서 유발된 것으로 생각한다. 스키너는 다음과 같이 말한다.

내부의 사람(inner man)이 하는 기능은 도저히 설명이 안 되는 설명을 제공하는 것이다. 설명은 그에게서 멈춘다. 그는 자신의 과거사와 현재의 행동 사이의 매개자가 아니라, 자신의 모든 행동이 분출되어나오는 **중심**이다. 그는 일을 시작하고 유발하고 창조하며, 그렇게 함으로써 과거 그리스인들에게 그랬던 것처럼 신적인 존재로 남는다. 우리는 그가 자율적인 존재라고 — 그리고, 행동과학적 관점에서 볼 때, 기적과도 같은 존재라고 말한다(같은 책, 19쪽).

인간의 행동이 '자율적인 행위자'에 기인한다는 견해를 불신하는 데에서 스키너는 자기 자신의 의도를 숨기지 않는다. 그 의도란, 심리학자들이 사람의 행동이 환경에 의해 결정되는 과정에 대해 그들이 알고 있는 지식을 다른 사람들의 행동 방식을 통제하는 데 이용해야 한다는 스키너 자신의 생각이 폭넓은 지지를 받는 것이다.

이런 맥락에서 그는 영국의 개혁가이자 사회주의자인 오언(Robert Owen : 1771~1858)의 저서를 언급한다. 오언은 1816년에 『새로운 사회관, 혹은 인간성의 형성에 대한 에세이, 즉 인류의 조건을 점진적으로 개선시키는 계획의 준비(*A New View of Society, or Essays on the Formation of the Human Character, Preparatory to the Development of a Plan for gradually ameliorating the Condition of Mankind*)』라는 제목의 책을 출판했다. 스키너는 오언의 목표 — 인류의 조건을 개선한다는 목표 — 를 인정한다. 그러나 오언의 계획이 가져올 결과에 대해선 별로 기대할 것이 없다고 말하는데, 그 이유는 오언이나 그 당시 사람들은 인간의 행동이 얼마나 환경에 의해 결정되는지에 대해 충분히 알지 못했기 때문이다. "우리는 행동을 바꿀 목적으로 환경을 바꾸기 전에, 먼저 환경이 어떻게 작용하는지부터 알아야 한다. 인간으로부터 환경으로의 단순한 전환을 강조하는 것은 별 의미가 없다"(같은 책, 181쪽)고 스키너는 말한다.

스키너는 그 자신이 많은 공헌을 하기도 한 새로운 행동주의 심리학(behaviourist psychology)이야말로 인류의 조건을 개선시킬 계획을 완수할 수 있다고 주장한다. 낡은 내성주의-연합주의 심리학(introspectionist-associationist psychology)은 이러한 과업에 아무런 도움이 되지 않는다. 스키너는 다음과 같이 주장한다.

일부의 철학자들은 오직 직접적인 경험만이 참이며, 실험심리학(experimental psychology)은 정신적 요소들 사이의 상호 작용을 지배하는 정신의 법칙들을 발견하려는 시도에서 출발했다고 주장하면서, 정신의 세계 안에만 머물려고 애를 썼다. … 정신 세계가 인기를 독차지해버린다. 행동은 그 자체로 하나의 주제로 인정되지 않는다(같은 책, 17쪽).

행동이 그 자체로 하나의 주제로 인정받을 때만, 그리고 한 인간의 행동이 주위 환경에 의해 결정되는 방식을 지배하는 법칙들이 알려질 때만 로버트 오언이 세웠던 것과 같은 계획들이 실현될 수 있을 것이다.

　실험적 분석은 행동의 결정 문제를 자율적 인간으로부터 주위 환경으로 전가시킨다. 이때 주위 환경이란 종의 진화와 종의 각 멤버에 의해 획득되는 역할 모두를 초래한 원인을 말한다. … 인간에 대한 과학적 관점은 여러 가지 흥미로운 가능성을 제공한다. 우리는 인간이 인간 자신을 어떤 존재로 만들 수 있는지에 대해 아직 모른다(같은 책, 210쪽).

　오언은 생존시에 존 스튜어트 밀(John Stuart Mill)에 의해 "우리 인간의 특성들이 우리의 조직, 우리의 교육 그리고 우리의 환경에 전적으로 의존한다"는 '가장 왜곡된' 주장을 펼친 사람으로 비난받은 바 있다(밀[1843] 1974, VI.ii.3). 오언은 그가 단지 인간은 스스로 자신의 성격을 만들 수 없음을 보여주고자 했을 뿐이라고 생각했다(오언[1816] 1972, 91쪽). 밀은 이러한 결론을 거부한다 : "우리 외부의 것들이 우리의 성격을 만들 수 있는 꼭 그만큼 우리는 원하는 대로 우리 자신의 성격을 만들 수 있다"(밀[1983] 1974, VI.ii.3).
　한편, 스키너는 1930년대에서 1960년대까지 미국 심리학계를 지배한 행동주의 심리학파의 잘못들과 관련해 비난을 받아왔다.

　왓슨(Watson)에서 시작하여 후기 스키너까지 발전해온 이 학파가 보여주는 극단적인 환경의존주의는 단지 그것이 가지고 있는 황폐화된 인간성의 개념과 인간 존재의 통제에 대한 조작적인 접근법을 숨기기 위해 고안된 것이다. 어린이들이나 죄수들의 행동의 통제와 조작에 대한 스키너의 관심, 그리고 흰 제복을 걸치고 자신들만이 올바른 행동을 결정할 능력이 있다고 생각하는 가치 중립적이며 비인간적인 고급 간부들의 행태가 그 증거다(로즈 외 1984, 78쪽).

만약 스키너가 '황폐화된 인간성 개념'을 가지고 있다면 그 황폐성은 어디서 성립된 것일까? 만약에 인간 행동이 '내부의 행위자'에 기인한다고 본 그리스인들에 대한 그의 주장이 맞다면, 그리스 철학자들은 스키너가 행위의 개념을 거부하는 바로 그 이유 때문에 그의 인간성 개념은 피폐해졌다고 말할지도 모른다. 그리스 철학자들에 대한 스키너의 생각은 옳은 것일까? 인간은 내부의 행위자가 없어도 살아가는 데 아무 문제가 없으며, 행위의 개념은 우리의 사고 방식에서 '치명적 결함'이라는 그의 주장은 옳은 것일까?

2. 행위자 원인과 사건 원인

플라톤은 '행위와 필연'에 대한 글은 쓰지 않았지만, '필연'에 대해선 글을 남기고 있다. 세계의 창조를 설명하는 과정(『티마이오스』 46c-48a ; 『법률』 X 894d-898c)에서 그는 세계는 '필연성과 정신이 결합된 작품'이라고 말한다. 이 말의 저변에는 두 가지 상이한 종류의 원인에 대한 구분이 깔려 있다. 한편에는 '정신을 가지고 태어났으며 공정하고 좋은 일들을 하는 존재들'이 있다. 다른 한편에는 불과 물, 흙과 공기와 같은 것들, '다른 것들에 의해 움직이면서 동시에 다른 것들을 움직여야만 하는 존재들'이 있다. 플라톤은 다른 것들에 의해 움직이면서 다른 것들을 강제로 움직이는 그런 종류의 원인들은 또 다른 종류의 원인들, 즉 정신을 갖고서 공정하고 좋은 일들을 하는 존재들에 종속되어 있으면서도 서로 협력을 한다고 말한다. 그는 대부분의 사람이 불과 물, 흙과 공기 같은 것들은 '다른 것들을 냉동하고 가열하며, 수축하고 팽창시키는 등의 작용을 하기 때문에 모든 것들의 일차적 원인들'이라고 생각한다고 말한다. 그러나 플라톤에 따르면 그런 것들은 결코 일차적 원인이 될 수 없는데, "그 이유는 그것들은 이성이나 지성의 능력이 없기 때문이다."

플라톤이 『티마이오스』에서 세계는 필연성과 정신이 결합된 작품이라고 말할 때, 그 '정신'은 인간의 정신을 지칭한 것이 아니다. 그것은 숙련공과 같은 신의 정신을 말한다. 그렇기 때문에 두 가지 종류의 원인에 대한 그의 구분, 그리고 한 가지 종류의 원인들이 다른 종류의 원인들에 종속적이면서 협력 관계에 있다는 그의 언급이 만약 인간 행위와 필연성에 관한 물음과 관련이 있다면 구체적으로 어떤 관련이 있는지가 분명하지 않다. 양자 사이의 관련 여부를 확인하려면 우리는 두 종류의 원인 및 그 관계에 대한 이론이 인간 존재에서 무엇을 의미하는지 알아야 한다. 이 점에 대해서 플라톤은 『파이돈』(98c~99b)에서 우리에게 다음과 같이 친절히 알려준다.

소크라테스는 "국가가 숭배하는 신들을 믿지 않고, 그 대신 전혀 새로운 신적 권능을 도입했으며, 젊은이들을 타락시킨" 죄로 독배를 마시는 사형에 처해진다. 그는 사약을 전달하는 집행관이 도착하기를 기다리거나 아니면 감옥을 탈출할 수도 있다. 그는 조용히 앉아서 집행관이 오기를 기다린다. 여기서 하나의 질문이 생긴다. 그로 하여금 앉아서 기다리게 하는 원인은 무엇인가? 소크라테스는 『파이돈』에서 서로 다른 두 가지 대답을 비교한다.

(a) 내가 지금 이렇게 앉아 있는 이유는 내 몸이 뼈와 근육으로 구성되어 있고, 내 몸의 뼈들은 관절을 통해 자유로이 움직이고, 근육들은 이완과 수축 작용을 통해 내가 팔 다리를 구부릴 수 있게 하기 때문이다. 그것이 내가 구부린 자세로 여기에 앉아 있는 원인이다.

(b) 아테네 사람들은 내가 유죄 판정을 받는 것이 더 합당하다고 생각하였기 때문에 나는 내가 이 자리에 앉아 있는 게 옳다고 생각했고, 국가가 나에게 어떤 벌을 내리든 도망가지 않고 복종하는 것이 옳다고 생각했다. 만약에 내가 도망치는 것보다는 국가가 나에게 내리는 명령에 복종하는 것이 더 옳고 명예롭다고 생각하지 않았다면, 상상컨대 내 몸의 뼈와 근육들은 오래 전에 메가라나 보에오티아 인근에 가 있었을 것이다.

소크라테스는 두 번째 대답이 그가 앉거나 누워 있는 데 대한 **진짜** 이유를 제공한다고 말한다.

뼈와 근육이 없이는 나는 내가 옳다고 여기는 일을 할 수 없었을 것이라고 말한다면, 사실일 것이다. 그러나 내가 하고 있는 것이 최상의 것에 대한 선택을 통해서가 아니라 뼈와 근육 때문이라고 말한다면, 그것은 표현의 형식으로 볼 때 매우 느슨하고 부정확하다. 어떤 것의 원인과 어떤 것의 원인이 될 수 있는 조건을 구분치 못한다고 상상해보라.

(a)와 같은 종류의 대답은 플라톤이 필연성의 지배를 받는다

고 말한 그런 부류의 원인의 관점에서 제시되는 것이다. 만약 소크라테스의 근육이 수축한다면, 그의 뼈들이 단단하고 관절에 의해 자유로운 움직임이 가능하다고 전제할 때, 그의 두 다리는 구부려져서 그 결과 그가 앉아 있거나 누워 있는 자세가 나와야만 할 것이다. 필연성이 그의 신체 부분들을 지배한다. 반면에 (b)와 같은 대답은 플라톤이 정신을 가지고 있다고 말한 부류의 원인의 관점에서 제시된 것이다. 인간 소크라테스는 정신을 가지고 있다. 그는 '최상의 것을 선택함으로써' 그가 하는 일을 행한다.

인간의 행동을 분석할 때 적용할 수 있는 플라톤의 두 가지 원인들에 대해선 이 정도 해두기로 하자. 그런데, 인간 행동의 경우 필연성에 의해 지배되는 원인들이 정신을 가진 원인들에 협력은 하지만 보조 역할을 한다는 것은 무슨 뜻일까?

해답은 소크라테스가 자신이 앉아 있는 진짜 이유에 대해 언급할 때 이미 제시되어 있다. 필연성에 의해 지배되는 원인들은 정신을 가진 원인들의 보조 역할을 한다고 했을 때, 그가 의미하는 바는 그가 하는 일(감옥 속에 있기로 결심함)이 그의 두 다리에 의존해 있는 것이 아니라, 오히려 그의 두 다리가 하는 일(앉거나 달릴 때의 동작들)이 그 자신이 하는 일(감옥 속에 있기로 결심함)에 의존해 있다는 것이다. 일반적으로 필연성의 지배를 받는 원인들이 정신을 가진 원인들과 협조 관계에 있다는 것은 사실이다. 그러나 여기에도 예외가 있는데, 가장 극단적인 예로 누군가 완전히 마비 상태에 빠진 경우를 들 수 있다.

두 가지 원인들, 즉 '정신을 가지고 태어났으며 공정하고 옳은 일을 하는 작업자인 원인들'과 '다른 것들 때문에 움직이면서 동시에 다른 것들을 움직여야만 하는 원인들'에 대한 플라톤의 구분은 현대 철학에 와서는 '행위자 원인(agent causation)'과 '사건 원인(event causation)'에 대한 구분으로 나타난다.

'행위자 원인'과 '사건 원인'이라는 용어들 혹은 이와 매우 비슷한 표현들은 1960년대에 처음으로 사용되었다(치좀 1964 ; 테일러 1966 ; 욜턴 1966 ; 콜나이 1966 ; 탈버그 1967 ; 데이빗슨 1968). 비록 이런 용어들을 사용하는 철학자들이 플라톤에게 진 빚을 조금도 인정하고 있지 않지만, 그들이 주장하는 '행위자 원인'과 '사건 원인'의 구분은 플라톤이 말하는 정신을 지닌 원인과 필연성의 지배를 받는 원인의 구분과 같은 것처럼 보인다. 플라톤이 제시한 예는 그 자신이 주장한 구분을 잘 설명하고 있을 뿐만 아니라 현대 철학자들이 주장하는 구분을 설명하는 데도 똑같이 쓰일 수 있다. 소크라테스가 자신이 옳다고 여기는 것을 행하는 것이 더 낫다고 생각하기 때문에 감옥 안에 앉아 있는 것은 '행위자 원인'의 한 예다. 근육의 이완이나 수축이 그의 뼈들을 움직이게 하여 그의 두 다리가 접히거나 펴지게 하는 것은 '사건 원인'의 한 예다.

이러한 두 종류의 인과 작용이 지니고 있는 주된 특징들은 무엇일까? 플라톤은 불과 물, 흙과 공기가 '다른 것들 때문에 움직이면서 동시에 다른 것들을 움직여야만 하는 것들'이라고 말하면서 '사건 원인'의 두 가지 특징에 대해 우리의 주의를 환기시킨다. 첫째, 어떤 사건을 야기하는 사건(causing event)은 그 자체가 야기된 것이고, 만약 그것이 다른 사건에 의해 야기되었다면 그 다른 사건도 역시 또 다른 사건에 의해 야기된 것이며, 이런 과정은 계속 되풀이된다. '사건 원인'은 본래 사슬과 같은 것이고, 그 사슬은 끝없이 이어진다. 둘째, 어떤 인과의 사슬에서 하나의 사건은 단순히 다른 사건을 따라서 일어나고, 뒤 사건에 앞서 일어나지는 않는다. 즉, 인과의 연속에는 어떤 강제적 요소가 들어 있다. 원인 역할을 하는 사건과 그것의 결과 사이에는 모종의 필연적 연결이 개입되어 있다는 말이다.

셋째 특징은, 동일한 원인은 항상 동일한 결과를 야기한다는 것이다. '사건 원인'은 본질적으로 법칙에 의해 지배되는 것이다.

넷째, '사건 원인'에서 우리는 무엇이 무엇의 원인이 되는지 어떻게 알아낼 수 있는가? 한 사건 다음에 일어나는 것을 지각하여 단지 기록하는 것만으로는 그것을 알 수가 없다. 만약 그렇게 해서 알 수 있다면, 우리는 스페인에서 낮이 항상 밤에 이어 나타나는 것을 보고 거기서는 밤이 낮을 유발한다고 결론지을 수 있을 것이다. 우리는 어떤 사건의 원인이 무엇인가를 알기 위해 가설을 먼저 세운 다음에 실험을 통하여 그것을 검사한다. 이렇게 해서 직접 경험될 수 있는 것을 넘어서는 결론에 도달한다. 우리는 지구가 자전을 멈추는 것을 지각할 수가 없다(왜냐하면 지구는 자전을 멈추지 않을 것이므로). 그러나 우리는 실험의 결과로서 만약 지구가 자전을 멈춘다면 스페인에서 밤이 지난 후에도 낮은 오지 않는다는 결론에 도달할 수 있다. 만약의 경우 무슨 일이 일어날 수 있는지를 설명할 수 있다는 점이 '사건 원인'의 본질적 특성이다.

마지막으로 이 문제와 관련한 흄(David Hume)의 유명한 주장이 있다 : "마음은 가장 면밀한 관찰과 조사를 통해서도 원인 속에서 결코 결과를 발견할 수 없다. 왜냐하면 결과는 원인과는 완전히 다른 것이고, 따라서 원인 안에서 그것은 결코 발견될 수 없기 때문이다." 설사 어떤 사건의 결과가 무엇인지 발견했을지라도, "항상 그것과 양립하고 자연에 부합하는 다수의 또 다른 결과들이 틀림없이 존재하기 마련이다"(흄[1748] 1975, 제25단락). 다시 말해서 원인과 결과는 내적으로 관련되어 있지 않다. 우리는 원인을 결과와 독립해서 기술할 수 있다. 흄은 이것이 '사건 원인'의 한 가지 특징이라고 주장한다. 경험주의자인 그가 주어진 사건의 결과는 관찰과 경험에 의해서만 발견될 수 있다고 주장하는 것은 당연하다고 하겠다.

'사건 원인'과는 대조적으로 '행위자 원인'은 다른 것들에 의해 움직이지 않고, 그렇기 때문에 다른 것들을 움직이도록 강요받지 않는 행위자들에 의해 특징지어진다. 행위자들은 동작을 개시하는 자들이고, 자유 의사에 따라 움직이거나 말거나 한다. 자유롭기 때문에 그들은 자신들이 하는 일에 대해 도덕적인 책임을 진다. '행위자 원인'은 법칙의 지배를 받지 않는다. 그것의 특징은 행위자가, 정신을 지니지 않은 존재들은 할 수 없는 방식으로 자신이 하고 있는 일에 늘 마음을 쓰고 있다는 사실이다. '마음을 쓰고 있음(Being mindful)'은 어떤 행위자가 자유 의사에 따라 자신의 행동을 관찰할 필요 없이 지금 하고 있는 일이 무엇인지 말할 수 있음을 의미하며, 또 만약 그가 꾀하고 있는 어떤 목표를 향해 그 일을 하고 있다면 그 목표가 무엇인지 말할 수 있음을 의미한다.

마지막으로 '행위자 원인'은 신체적 운동에 끼치는 효율성 때문에 '사건 원인'에 의존하고 있다는 특징을 지니고 있다. 소크라테스는 오로지 특정한 신체적 사건들이 다른 신체적 사건들을 유발하기 때문에 앉아 있을 수 있다. 그의 근육들 중 일부가 수축하고 일부 뼈들이 결합하여 움직이면 그의 다리는 구부려진다. 만약 그의 근육이 위축되거나 뼈들이 관절염 때문에 원활하게 움직여지지 않는다면 그는 그의 팔다리를 움직일 수 없을 것이다.

철학자들이 발견한 '사건 원인'의 가장 매력적인 특징은 그것이 본질적으로 법칙에 의해 지배된다는 것이다. 그래서 데이빗슨(Donald Davidson)은 다음과 쓰고 있다.

우리는 유리창이 깨진 이유가 벽돌이 유리창에 부딪쳤기 때문이라고 설명한다. 이 설명이 가지고 있는 설명력은 우리가 원인에 대한 분석을 먼저 벽돌의 운동과 같은 사건으로 확대하고, 그 다음에는 중간 크기의 단단한 물체들의 운동과 유리창들의 파손과 같은 사건들을 연결하는 법칙이 있다는 증거를 요구할 수 있다는 사실에 근거하고 있다. 원인에 대한 일반적인 개념은 이러한 초보적 형태의 설명과 불가분의 관계에 있다. 그러나 행위자 원인의 개념은 이러한 특징들을 조금도 가지고 있지 않다. 행위자 원인을 일반적 인과와 구분짓는 것은 두 개의 사건을 하나의 이야기 속에 담는 것이 가능하지 않으며, 두 사건 사이에는 어떤 법칙도 존재하지 않는다는 점이다. 그렇다면 행위자 원인에서는 아무것도 설명되는 것이 없다(데이빗슨 1980, 53쪽).

'행위자 원인'의 가장 매력적인 특징은 그것으로부터 운동이 시작된다는 점이다. '사건 원인'에서 우리가 관찰하는 것은 오직 운동의 전이뿐이고, 운동의 생산은 없다. 바로 이 점 때문에 존 로크(John Locke : 1632~1704)는 '행위자 원인'과 '사건 원인'을 분리된 두 종류의 원인으로 인정하지 않았음에도 불구하고, 정신은 **"능동적 힘의 관념을 어떤 외부의 감각에서보다는 자신의 여러 활동에 대한 반성으로부터 훨씬 명료하게"**(로크[1690] 1975, II.xxi.4) 받아들인다고 말한 것이다.

특히 경험주의자들에게서 '사건 원인'의 가장 큰 문제점은 어떤 결과는 그것의 원인을 반드시 따른다는 필연성과 관련되어 있다. 도대체 우리는 어떻게 이 필연적 연관이라는 관념을 가지게 되는가? 우리는 나중에 흄이 이 문제를 어떻게 다루는지 살펴

볼 것이다.

'행위자 원인'의 가장 큰 문제점은 그것이 '사건 원인'에 의존하고 있다는 점이다. 그 의존성은 어떤 형식을 취하는 것일까? 플라톤은 소크라테스의 입을 빌어 다음과 같이 말한다 : "근육의 이완과 수축은 어떻게 해서든지 내가 나의 팔다리를 구부릴 수 있도록 해준다." 여기서 '어떻게 해서든지'라는 말은 '어떻게?'라는 질문을 이끌어낸다. 소크라테스는 돌을 움직이기 위하여 막대기를 사용하듯이 그의 팔다리를 움직이기 위하여 자신의 근육들을 사용하는 것일까? 플라톤 자신은 이 문제에 대하여 입장을 분명히 밝히지 않는다. 하지만 아리스토텔레스는 그의 저작『자연학(*Physics*)』에서 이 문제를 다루고 있다.

3. 기본적 행동 : 아리스토텔레스와 데카르트

아리스토텔레스는『자연학』제8권 제5장 서두에서, 손에 막대기를 들고 돌을 움직이고 있는 사람의 경우를 고찰하고 있다. 그 사람은 다른 어떤 일(즉, 막대기로 돌을 미는 일)을 함으로써 돌을 움직이고, 다시 또 다른 어떤 일(즉, 막대기를 잡고 있는 손을 움직이는 일)을 함으로써 막대기를 움직인다. 그런데 아리스토텔레스는 여기서 그 사람이 그의 손을 움직이기 위해 별도의 일을 하고 있지 않음을 시사하고 있다. 그 사람은 자신의 손을 **직접** 움직인다. 다시 말해 그의 근육들은 그가 자신의 손을 움직이기 위해 사용하는 도구가 아니다. 그는 근육의 수축과 이완이 가능하지 **않다면** 손을 바로 움직일 수 없지만, 그렇다고 근육의 수축과 이완에 전적으로 의존해서 자신의 손을 움직이게 하지는 않는다. 이것이 '행위자 원인'이 '사건 원인'에 어떻게 의존하는가라는 물음에 대한 아리스토텔레스의 대답이다.

아리스토텔레스의 '직접적 운동(immediate movement)' 개념은 현대 철학에 와서 '기본적 행동(basic action)'이라는 개념으로 바뀌어 다시 등장하는데, 이 개념은 '행위자 원인' 및 '사건 원인'과 마찬가지로 1960년대에 처음으로 사용되었다(단토 1963). 아리스토텔레스의 입장을 현대 식으로 표현한다면, 그 사람의 손의 움직임은 '기본적 행동'이다. 그가 손을 움직이는 것이 손에 잡힌 막대기를 움직이게 하듯이, 자신의 손을 움직이게 하기 위해 그 사람이 행해야 할 또 다른 행동은 없다.

비록 사람은 뼈의 움직임과 근육의 수축과 이완이 가능하기 때문에 손을 움직일 수 있겠지만, 어쨌든 자신의 손을 어떤 매개 없이 직접 움직일 수 있다는 아리스토텔레스의 생각에 담긴 중요한 의미는 윌리엄 제임스(William James)가 『심리학의 원리 (*Principles of Psychology*)』(제임스 1891, vol. II, 105쪽)에서 언급한 사례를 통해 분명히 드러날 수 있다. 어떤 환자의 팔다리가 마비되었다. 그가 손을 들어올릴 때 그는 손의 움직임을 느낄 수가 없다. 다른 사람이 그의 손을 잡아도 그는 그것을 느낄 수가 없다. 그는 자신이 해야 할 일이라면 무엇이든지 기꺼이 하고자 한다. 이제 실험자가 그 환자의 눈을 감기고 감각이 없는 그의 팔을 꼭 잡고서 그에게 손을 머리까지 올려보라고 말한다. 환자가 눈을 떴을 때 "자신에게 신체의 동작이 전혀 일어나지 않았음을 발견하고 매우 놀랄 것이다"라고 제임스는 말한다. 환자는 자신에게 요구된 것을 수행하였다고 생각했음이 틀림없다. 즉, 그는 그의 손을 올렸다고 생각한 것이다. 그는 눈을 뜨고 동작이 실제로 일어나지 않았음을 알 때까지 그렇게 생각하였다.

이제 "그 환자는 자신이 손을 들어올렸다고 생각하게 만든 어떤 것을 하였는가?"라는 질문이 제기되었다고 가정해보자. '기본적 행동'에 대한 아리스토텔레스의 입장이 중요한 이유는 그가 이 질문에 대하여 다음과 같이 타협의 여지가 전혀 없는 대답을 하고 있기 때문이다 : "그렇지 않다. 그는 (그가 손의 움직임을 느낄 수 없다는 사실과 관계없이) 자신이 손을 머리까지 들어올렸다고 여겼겠지만, 실제로는 아무것도 하지 않았다." 많은 사람들은 이 대답을 수긍할 수 없을 것이다. 왜냐하면 그들은 그 환자가 단순히 자신의 손을 올렸다고 여긴 것이 아니라 손을 올렸다고 생각한 모종의 이유를 갖고 있었다고 말하고 싶어할 것이기 때문이다. 사람들은 그가 무엇인가를 행하였음이 틀림없다고 주장할 것인데, 만일 그렇지 않다면 어떻게 그가 자신의 손을 들어올렸다고 여길 수가 있었겠는가?

아리스토텔레스의 대답을 받아들일 수 없는 사람들은 다른 세 가지 답 중에 하나를 선택할 가능이 크다. 세 가지 답 가운데 가장 인기가 없는 것은 그 환자가 근육 수축과 같이 팔을 들어올리는 데 필요한 통상적인 일을 분명히 했다는 것이다. 이 대답이 인기가 없는 이유는, 사람은 자신이 하는 일이 뜻하지 않는 결과를 초래하지 않는 한, 자신이 의식하지 않는 것은 할 수가 없다는 원칙을 대부분 사람들이 받아들이고 있기 때문이다. 이 원칙에 따르면, 뇌와 근육을 연결하는 신경 조직의 충동이 행동이 될 수 없듯이 근육 수축 운동도 행동이 될 수가 없다.

좀더 인기 있는 대답은 환자가 그의 손을 들어올리려고 시도했다(tried)는 것이다. 나는 25년 전에 쓴 논문에서 이 대답을 검토한 바 있고, 다음과 같은 이유로 그것을 거부하였다.

그러나 이것은 환자가 그의 손을 들어올리는데 따르는 어떤 어려움도 알아차리지 못할 수 있다는 점에서 만족스런 대답이 못 된다. 그는 마비 상태에 있기 때문에 그의 손이 내려지는 것을 느낄 수 있을 것 같지 않다. 자신의 입장에서 보았을 때 환자는 그의 손을 억지로 움직여야만 한 것 같지는 않고, 오히려 실제로 손을 쉽게 움직일 수 있었던 것 같다. 혹은 적어도 그가 눈을 뜰 때까지는 이와 같았으리라.

간단히 말해 '그는 그의 손을 움직이려 시도했다'는 말은 그 환자가 행한 것을 기술하기보다는 오히려 그가 행하지 않는 것을 기술한다. 즉, 그 환자는 '그는 그의 손을 움직였다'는 기술이 적용될 수 있는 조건을 명시하는 데 실패한 것이다(베이지 1961, 353쪽).

그 당시 나는 '시도(trying)'라는 대답을 아리스토텔레스가 제시한 대답과 관련시키는 데에는 관심이 없었다. 전자는 후자와 어떤 관련이 있을까? 혹은, 전자를 옹호하는 사람들(오쇼네시 1973 ; 맥칸 1975 ; 혼스비 1980, 제3장)은 그것과 후자의 관계를 어떻게 생각할까? 그들은 시도를 일종의 '기본적 행동'이라고 간주하고, 결과적으로 아리스토텔레스는 돌을 움직이는 사람이 그의 손을 직접 움직인다는 잘못된 주장을 하였다고 생각하는 것일까? 아리스토텔레스는 그 사람은 돌을 움직이기 위해서 또 다른 행위, 즉 막대기로 돌을 미는 행위를 해야만 한다고 말하였다. 그렇다면 '시도' 이론의 옹호자들은 사람이 자신의 손을 움직이기 위해서 **또 다른 무엇**(다시 말해, 돌을 움직이려고 **시도함**)을 한다고 주장하는 것일까? 행위 A를 시도함은 A와 별도로 기술될 수 있는 하나의 행위인가? 아니면 혹시 시도는 행위와 내적으로 연관된 것일까?(흄에 따르면, 만약 그것이 내적으로 연관된 것이라면 시도와 행위(doing)의 관계는 '사건 원인'의 한 예가 될 수 있는 자격을 잃고 만다.)

이 물음에 대한 답은 이렇다. 즉, '시도' 이론의 옹호자들 중 일부는 사지를 움직이는 것이 '기본적 행동'이 아니라고 생각하는 듯하고, 또 다른 일부는 시도와 행위는 서로 내적인 관련을 맺고 있다고 생각한다는 것이다. 먼저 맥칸(McCann)의 주장을 들어보자.

> 최근 철학자들은 대체로 사지의 운동을 아무런 도구적 수단이 개입되지 않은 기본적 혹은 단순한 행동이라고 보아왔다. 그러나 이러한 견해는 경험적 증거와 맞지 않는 것처럼 보인다. 운동에 필요한 힘의 부족 현상을 검사한 의학 문헌을 대충 훑어보기만 해도 마비 환자는 정상적인 것처럼 보이는 움직임을 시도할 수는 있다는 것을 알 수 있다(맥칸 1975, 428쪽).

반대로, 오쇼네시는 팔을 들어올리려는 사람의 궁극적인 심리 상태는 '팔을 들어올리려 시도함'으로 기술될 수 있으며(오쇼네시 1973, 373, 375, 378, 386쪽), 시도함이라는 행위는 구체적으로 따로 명시할 수가 없고(377쪽), 시도함과 팔의 올라감은 '서로 도움이 되는' 것(383, 385-386쪽)이라고 말한다. 그는 '시도하는 것'과 '팔이 올라가는 것'은 전자가 후자 없이 일어날 수 있다는 점에서 양자는 서로 **다른** 것(같은 책, 373쪽)이지만, 흄의 표현대로 "결과는 원인과 완전히 다른 것이어서 원인 속에서는 결코 발견될 수 없다"는 점에서는 서로 다르지 **않**다고 단호히 주장한다. 오쇼네시는 시도함과 팔이 올라감의 관계는 인과적인 것이라고 말하지만, 팔을 올리려고 시도하는 일의 결과와 관련해서는 "매우 일관되고 자연스럽게 보이는 다른 많은 결과들이 항상 존재한다"(흄)고 말하지는 않는다. 그는 시도함의 인과적 힘은 "소름을 끼치게 만드는 어떤 생각과 같은 외적인 속성이 될 수 없다"(같은 책, 379쪽)고 말한다.

지금까지 우리는 "환자는 자신이 손을 들어올렸다고 생각하게 만든 어떤 것을 하였는가?"라는 질문에 대한 여러 가능한 대답들을 고찰하였다. 나는 아리스토텔레스가 이에 대해 "아니다. 그는 자신이 손을 들어올렸다고 여겼겠지만 실제로 그는 아무것도 하지 않았다"고 대답할 것이며, 많은 사람들은 이것을 수긍할 만한 대답으로 보지 않을 것이라고 말하였다. 사람들은 제시된 세 가지 대답 중에 긍정적인 대답을 택할 가능성이 크다. 우리는 지금까지 두 가지 대답을 살펴보았는데, 세 번째 대답은 데카르트(René Descartes : 1596~1650)가 제시하였다. 만약 데카르트가 저 질문을 받았더라면 그는 다음과 같이 대답했을 것이다 : 그 환자는 자신의 손을 올리려고 **작정하였다**. 그는 '의지 작용(operation of will)'을 수행하였다.

데카르트는 이러한 대답을 자신의 작품 『명상(*Meditations*)』(1641)에 대해 당대의 저명한 학자들이 제기한 두 번째 반박들에 대한 그의 답변에 첨부된 '논변들'에서 제시한다. 그는 다음과 같이 쓰고 있다.

사고. 나는 이 용어를 우리 내부에 있으면서 우리가 직접적으로 의식할 수 있는 모든 것을 포함하는 데 사용한다. 따라서 의지와 지성, 상상력과 감각의 작용들은 모두 사고가 된다. 나는 사고의 결과들을 배제하기 위하여 '직접적으로'라고 말한다. 예를 들어 자발적인 움직임은 어떤 사고에 기인하지만 그 자체가 사고는 아니다.

관념. 나는 이 용어를 어떤 사고의 형태를 뜻하는 것으로 이해한다. 나는 관념을 즉시 지각함으로써 그와 관련된 사고를 알아차릴 수 있다(데카르트[1641] 1985, vol. II, 113쪽).

이 대답과 관련하여 주목되어야 할 네 가지 사항이 있다. 첫째, 이것은 그리스인들이 인식하지 못한 **의지** 작용의 개념을 수반하고 있다. 그리스인의 사유 방식으로는 '의지를 작동하는 것'은 '의지'라는 독립된 정신적 능력을 행사하는 것이 아니라, 단지 특정한 대상에 대하여 호의적 태도를 취하는 것을 의미한다(폴렌츠 1959, I, 124쪽 ; 롱 1971, 192쪽). 반면에 데카르트에게서는 '의지의 작용'이 지성과 상상력 그리고 감각의 작용과 대등한 위치에 있다. 심지어 데카르트는 이런 의미를 지닌 의지 혹은 의지 작용의 개념을 처음으로 고안했는지 모른다.

둘째, 어떤 새로운 개념이 도입될 때는 으레 그 개념이 기존의 개념들과 어떤 관계를 가지고 있는지에 대한 문제가 생긴다. 데카르트는 자발적 운동이 의지가 작용한 '결과'라고 말한다. 이때 결과는 **인과적** 결과를 말하는가? 만약 인과적 결과를 의미한다면 '인과적(causal)'이란 무엇을 뜻하는 것일까? 데카르트는 흄이 말하는 일종의 외적인 관계, 즉 "결과는 원인과 완전히 다르며 따라서 원인 안에서는 결코 발견될 수 없는 관계, 설사 어떤 사건의 결과가 무엇인지 밝혀진 후에라도 충분히 일관성이 있으며 자연스러운 많은 다른 결과들이 항상 존재하는" 그러한 관계를 의미하는 것일까?

셋째, 데카르트는 명백히 사고를 지각 가능한 특성 혹은 현상적 특성을 지닌 것으로 생각한다. 하나의 '관념'은 지각할 수 있는 **것으로서의** 사고다. 데카르트의 이러한 생각은, 사람이 자기 마음의 활동을 지각하는 것을 '반성'이라고 부르고, "그것이 외부 대상들과는 아무런 관계가 없다는 점에서 감각은 아니지만, 여전히 감각과 매우 비슷하기에 내적 감각이라 불러도 손색이 없을 것"이라고 말한 존 로크에 의해 계승되었다(로크[1690] 1975, II.i.4).

넷째, 사고는 현상적 혹은 지각 가능한 특성을 가지고 있다는 생각이 주축이 된 데카르트의 대답은 철학의 주류 전통이 되었다. 사람들은 물리적 혹은 생리적 현상에 대해 언급하는 만큼 정신적 혹은 심리적 현상(phenomena)에 대해서도 언급하기 시작했다. 로크가 '반성(reflection)'이라고 부른 것을 윌리엄 제임스는 '내성(introspection)'이라고 불렀는데, 제임스는 내성이라는 단어가 "물론 우리가 우리 자신의 마음속을 들여다봐서 거기서 발견되는 것을 보고하는 것을 의미하지만, 꼭 정의해야 할 필요는 없다"(제임스 1891, vol. I, 185쪽)고 말했다. 데카르트처럼 제임스도 사고를 내적으로 지각된 것으로서 '관념(idea)'이라고 불렀다. 그는 "의지 작용은 순수하고도 단순한 정신적 혹은 도덕적 사실"이며, 그에 따른 신체적 운동은 "관념과 상관 관계에 있는 두뇌의 사건에 수반된 생리학적 법칙에 따른 순전히 생리학적인 현상"이라고 말했다(같은 책, vol. II, 560쪽).

이제 두 가지 물음이 남는다. 하나는, 데카르트가 자발적 운동은 의지 작용의 결과라고 말할 때, 그는 그 결과를 인과적인 것으로 보고 있는가 하는 물음이고, 다른 하나는, 만약 그렇다면 그는 인과적 관계를 흄이 말하는 일종의 외적인 관계와 같은 것으로 보고 있는가 하는 물음이다.

한 가지 사실은 분명하다. 『정념론(*Passions of the Soul*)』제34조에서 데카르트는 "영혼은 주로 두뇌 한가운데에 있는 작은 선(腺, gland)에 자리잡고 있으며", "우리 몸의 메커니즘은, 단지 이 선이 영혼이나 다른 원인에 의해 어떤 식으로든 작동함에 따라, 주변의 기운을 두뇌의 작은 구멍들 속으로 몰아넣는데, 기운은 이것들을 통해 신경을 거쳐 근육으로 향한다. 선의 이러한 작용으로 인하여 기운은 팔다리를 움직인다"(데카르트[1649] 1985, vol 1, 341쪽)고 말한다. 또 제41조에서 그는 "영혼의 활동은 전적으로 그것이 야기하는 어떤 것을 단지 의욕함으로써 그것과 밀접해 있는 작은 선이 이 의지 작용에 따른 결과를 유발하는 데 필요한 방식으로 움직인다는 사실에 있다"(같은 책, 343쪽)고 말한다. 데카르트는 의지 작용과 '작은 선'의 운동 사이의 관계, 또 작은 선의 운동과 (팔다리) 운동 사이의 관계를 모두 인과적인 것으로 생각하고 있음이 분명하다.

분명치 않은 점은 그가 의지 작용과 그것에 상응하는 (팔다리) 운동의 관계를 인과적인 것으로 생각하는지의 여부다.

나는 우선 만약 A가 B를 야기하고, B가 C를 야기한다면 A가 C를 야기하는 것이 직관적으로 명백해보이기 때문에, 그가 그 관계를 인과적인 것으로 생각해야 한다고 말하고 싶고, 아울러 설사 그렇다 할지라도 그는 그 관계를 흄적인 의미에서 인과적인 것으로 보지는 않는다고 말하고 싶다. 오히려 그는 팔다리 운동에 관련된 의지 작용을 이를테면 오쇼네시가 손을 올리려는 시도가 손을 올림과 관련되었다고 보듯이 보고 있다. 그것은 '내적' 관계인 것이다. 다시 말해 의지 작용은 그것과 상응하는 팔다리 운동 없이도 일어날(occur) 수 있다는 점에서 팔다리 운동과는 다르다는 것이지, 그것이 팔다리 운동과는 독립적으로 명시될(specified) 수 있다는 점에서 다르다는 것이 아니다.

나는 정신과 육체가 서로 다른 실체임에도 불구하고 결합할 수 있는 이유가 있다는 데카르트의 발언을 빌어서 이 점을 말하고 싶다. 데카르트는 1643년 5월 21일, 보헤미아의 엘리자베스 공주에게 쓴 편지에서, 영혼에게 몸을 움직일 수 있는 힘이 있는 것은 이 둘이 서로 결합한다는 우리의 생각에 근거한다고 말한다(케니 1970, 138쪽). 나는 정신과 육체가 결합되어 있다는 데카르트의 진술이, '어떤 사람이 자신의 손을 자발적으로 움직일 때 설사 그 자신은 직접적으로(즉, 비추론적으로) 알아차리지 못할지라도, 그는 자신의 손을 직접적으로(즉, 비도구적으로) 움직이고 있다는 것'에 대한 데카르트 식의 표현이라고 충분히 볼 수 있다고 생각한다. 다시 말해, 손의 운동이 돌의 운동을 야기하기 위해 그가 행하는 어떤 것인 것처럼 의지 작용은 손 운동을 야기하기 위해 그가 행하는 어떤 것이 아니라는 것이다.

그러나 만약 이것이 데카르트가 말하고자 한 바라면, 그 자신도 인정했듯이 그는 분명히 그것을 역설적으로 말하는 방식과 마주치게 된다. 1643년 6월 28일에 엘리자베스 공주에게 쓴 편지에서 데카르트는 다음과 같이 썼던 것이다 : "인간의 정신은 육체와 영혼 사이의 구분과 결합을 동시에 생각할 수 있는 것처럼 보이지 않습니다. 왜냐하면 그렇게 되기 위해선 그 둘을 하나로 생각하면서 동시에 둘로 생각할 필요가 있는데, 그것은 터무니없는 일이기 때문입니다"(같은 책, 142쪽).

4. 사건 원인에 종속된 행위자 원인 : 내성심리학

다른 철학자들은 정신과 육체가 결합한다는 데카르트의 의견을 아리스토텔레스적인 견해에 대한 승인으로 간주하지 않았다.

오히려, 그들은 그것을 정신과 육체의 상호 작용 가능성에 대해 영락없이 실패한 설명이라고 생각하였다. 그들은 데카르트가 '의지의 작용'에 대해 말했을 때 그는 '자발적인 운동은 어떤 **행위자**에 의해 직접적으로 야기된 운동이 아니고 어떤 **사건**, 즉 행위자 내부에 있는 의지 활동의 발생에 의한 운동'을 의미했다고 추정하였다.

데카르트에 대한 이러한 표준적 해석이 만약 옳다면, 데카르트가 한 일은 아리스토텔레스적인 관점에서 보았을 때, '사건 원인'이라는 바탕 위에 '행위자 원인'이라는 구조물을 세우는 것이었다. 데카르트는 "그는 손을 들어올렸다"고 말하는 대신 "그는 (두뇌, 신경, 근육의 사건들을 통해) 자신의 손이 올라가도록 한 의지라는 활동을 수행했다"고 말할 것이다. 이 '사건 원인'의 계기 중 첫 번째 사건인 '의지의 작용'이 정신적인 것(즉, '우리가 직접적으로 그것을 알아챌 정도로 우리 내부에 있음'을 뜻함)이라는 사실이 데카르트 철학에서 '행위자 원인'이 '사건 원인'으로 말미암아 (셰익스피어의 작품『템페스트』에 나오는 표현을 빌면) 엄청난 변화 (sea-change)를 겪었다는 엄연한 진실을 뒤집지는 못한다.

문제는 만약 이러한 움직임, 이렇게 엄청난 변화가 일단 허용되면 그것이 연달아 계속해서 발생하는 것을 막기가 쉽지 않다는 것이다. 만약 자발적 운동이 '의지력에 의해 일어나는 사건'이라는 것이 인정되어버리면 의지력은 다시 동기 때문에 일어나며, 동기는 성격에 의해서 그리고 성격은 유전과 환경 때문에 일어난다는 것을 허용하지 않기가 어렵다. 결국 '행위자 원인'은 우리가 순진하게 '우리의 행동'이라 부르는 것 배후에 놓여 있는 '사건 원인'이라는 사슬을 전혀 모르기 때문에 생기는 하나의 환상에 불과하다는 것이다.

데카르트는 '사건 원인'에 대한 '행위자 원인'의 이러한 종속의 최초 움직임에 대해서만 자신의 입장을 밝혔다. 자발적 운동은 의지력 때문에 일어나지만, 의지력은 사건이 아닌 인간 때문에 일어난다. 다시 말해, **의지는 자유롭다**. 데카르트는 이 점을 줄기차게 강조하였다. "인간이 자발적으로, 즉 자유롭게 행동한다는 것은 인간의 더할 나위 없는 성숙을 나타낸다. 이것 때문에 인간은 특이하게도 자기 행동의 주인이 되고, 자신이 하는 일에 대해 칭찬 받을 자격을 얻는다"(데카르트[1644] 1985, vol. I, 205쪽). 우리 의지가 자유롭기 때문에 우리는 자유로운 것이다. 우리의 자유보다 "더 명료하고 완전하게 우리가 파악할 수 있는 것은 없다"(같은 책, 206쪽).

데카르트에게서 시작된 '사건 원인'에 대한 '행위자 원인'의 종속은 데이비드 흄(1711~1776)에 의해 계승되었다. 데카르트는 자발적 운동을 사건, 즉 의지 행위의 발생에 의해 유발된 운동으로 취급하였고 거기서 멈추었다. 의지는 자유롭다. 흄은 여기서 더 나아가고 싶었다. 즉, 그는 의지 행위도 역시 어떤 사건에 의해 유발되는 것으로 취급하고 싶었던 것이다. 아마도 그것을 정신적 사건으로 보는 것이 바람직할 것이다. 우리가 정신적 사건을 직접 알아차린다는 것은 정의(定義)에 의해 분명한 일이다. 흄은 (a) 사람들이 직접 알아차릴 수 있으며 그들의 행동과 모종의 관계가 있다고 여겨지는 어떤 것(정신적인 어떤 것)을 생각해내고, (b) 이러한 정신적 사건이 어떻게 의지 행위와 행동을 야기하는지에 대한 그럴 듯한 설명을 만들어낼 필요가 있었다. 만약 그렇게 할 수 있다면 그는 뉴턴이 (물체들이 서로를 끌어당기는 이유를 설명하는) 중력 이론으로써 자연 세계를 설명하였듯이 정신 세계에 대해서도 설명할 수 있을 것이다.

자료는 충분하였다. 첫째, 사람들은 습관적으로 '동기'를 그들의 행동과 연관시켜 말한다. 둘째, 만약 어떤 사람이 특정한 방식으로 행동할 동기를 가지고 있다면 그는 그것을 금방 알아차린다. 셋째, 영국 경험주의 철학의 원조인 존 로크는 '관념들의 연합(association of ideas)'이라는 심리적 과정에 대해 언급하였는데, 이것을 조금만 수정해서 활용하면 어떻게 특정한 동기가 특정한 행동을 유발하는지 그 연유를 설명할 수 있다.

　로크가 말하는 '관념들의 연합'에 수정이 필요한 이유는 그것이 ('전적으로 우연과 환경 때문에') 일상적 관례에서 벗어난 연합과 결부되어 있었기 때문이다. 이에 반해 흄은 야심에 고무된 사람들이 그에 걸맞은 행동을 하는 것과 같이, 일상적으로 일어나는 일들을 설명할 수 있는 이론을 원하였다. 로크는 『인간지성론(*An Essay concerning Human Understanding*)』(1700) 제4판에서, 우연히 낡은 트렁크가 있는 방에서 춤을 배운 적이 있는 어떤 사람이 자신의 춤추는 능력을 그 트렁크가 방에 있었다는 사실과 지나치게 연관시킨 나머지 그 후로는 오직 그 트렁크나 혹은 그것 비슷한 것이 들어 있는 방에서만 춤을 잘 출 수 있었다는 희한한 현상을 기술하기 위하여 '관념들의 연합'이라는 용어를 도입하였다(로크[1690] 1975, II.xxxiii.16). 반면에 흄은 『인성론(*A Treatise of Human Nature*)』 초판의 시작 부분(흄[1739] 1978, I.i.4)에서 '관념들의 연결 혹은 연합'에 대해 언급하였는데, 그는 그것을 "자연 세계에서와 마찬가지로 정신 세계에서도 특별한 결과를 초래하며, 여러 다양한 형태로 스스로를 드러내는 것으로 알려진 일종의 **인력 작용**"(같은 곳)이라고 기술하였다. 그것은 뉴턴의 중력 법칙이 자연의 작용을 설명하는 원리였듯이, 흄에게 정신 작용을 설명할 수 있는 **탁월한**(*par excellence*) 원리였다.

행성들 사이의 중력과도 같다는 관념들의 연합은 행위와 필연이라는 주제와 어떤 관련이 있을까? 흄은 '자유와 필연(Of liberty and necessity)'이라는 제목이 붙은 『인성론』의 한 절에서 다음과 같이 대답을 한다.

외부 물체들의 작용이 필연적이라는 사실과 그들끼리의 운동, 끌어당김 그리고 상호 결합에서 조금도 무관심이나 자유의 흔적이 없다는 사실은 보편적으로 인정되어 있다. 모든 대상은 어떤 절대적 운명에 의해 그 운동 방향이 어느 정도 결정되며, 그것이 움직이고 있는 정확한 선에서 한 치도 벗어날 수가 없는 것은 마치 그 자신을 천사나 정령 혹은 어떤 우월한 실체로 전환시킬 수 없는 것과 같다. 그러므로 물질의 행동은 필연적 운동의 예로 간주되어야 한다. 또한 이처럼 물질과 같은 기반 위에 있는 것은 무엇이든지 필연적인 것으로 인정되어야 한다(같은 책, II.iii.1).

흄에 따르면, 정신은 이 점에서 '물질과 같은 기반 위에' 있다. 자연 세계에서는 같은 원인들이 같은 사건들을 만들듯이 정신 세계에서도 같은 동기들은 같은 행동들을 만들어낸다(흄[1748] 1975, 제65단락). 정신의 과학은 자연의 과학만큼 결정론의 지배를 받는다. 비록 흄은 정신의 과학이 자연의 과학과는 구분된 별도의 학문이기를 바랐지만, 관념의 연합을 자연 세계에서 이루어지는 일들의 결과로서 정신 세계에서 일어나는 일이라고 분명히 생각하였다. 이러한 원인들이 무엇인가에 대해선 '섣부른 설명을 하지 않겠다'고 그는 말한다(흄[1739] 1978, I.i.4). 그럼에도 그는 관념을 연합하는 과정에서 생기는 오류를 설명하기 위해서 생리학에 의존하였다. 이와 관련된 그의 글은 매우 흥미로운 것이어서 다소 길게 인용을 해도 양해가 되리라 믿는다.

　　상상 속에서 두뇌를 절개한 다음 우리가 어떤 관념을 떠올리자마자 생기(生氣, animal spirits)가 인접한 경로들을 따라가서 그 관념과 관련된 다른 관념들을 불러일으키는 과정을 보여주는 것은 쉬운 일이다. 그러나 관념들의 관계를 설명하는 데에서 내가 이 주제로부터 이끌어낼 수 있었던 이득을 방치하였다 하더라도, 이런 관계에서 생기는 오해를 설명하기 위해선 아무래도 생리학에 의지해야만 할 것 같다. 따라서 나는 정신은 그것이 좋아하는 관념을 자극하는 힘을 원래 가지고 있기에, 관념이 머물고 있는 두뇌의 영역에 기운(spirits)을 불어넣을 때마다, 이 기운은 적절한 경로로 움직이며 그 관념에 속하는 세포를 찾아내어 그 관념을 자극하는 것을 관찰할 것이다. 그러나 정신은 한쪽 방향으로만 움직이지 않고, 조금씩 이쪽저쪽으로 자연스럽게 움직이기 때문에, 인접한 경로로 빠져 들어간 생기는 정신이 처음 찾고자 했던 관념 대신 다른 관념들을 떠올린다. 우리는 이러한 변화를 항상 감지할 수는 없지만, 동일한 사유가 연속되는 한, 마치 그것이 우리가 요구했던 것과 같은 관념인 것처럼, 우리에게 떠오른 관련 관념을 활용하여 우리의 사유 활동에 사용한다. 이것이 철학에서 많은 오해와 궤변들의 원인인데, 이런 것을 상상하는 것은 자연스럽고, 또 그것을 보여주는 것은 쉬운 일이다(같은 책, I.ii.5).

홉의 『인간 지성에 대한 탐구(*Enquiry concerning Human Understanding*)』 초판이 나온 지 1년 후인 1749년에 『인간, 그의 구조, 그의 의무 그리고 그의 기대에 대한 고찰(*Observations on Man, His Frame, His Duty and His Expectations*)』을 출판한 데이비드 하틀리(David Hartly : 1705~1757)는 관념 연합의 생리학적 기반을 이론화하는 데 홉보다 한 걸음 더 나아갔다. 하틀

리에 따르면, 감각이라는 정신 현상은 두뇌 안의 신경 표면에서 일어나는 진동에 의해 야기된다. 여러 감각 관념들은 이러한 진동의 흔적인 미세 진동들에 대응한다. 이 미세 진동들은 연이어 일어나는 진동들과 연합하게 되는데, 하나가 일어나면 다른 것은 쉽게 일어난다. 관념의 연합은 이처럼 두뇌의 미세한 진동의 연합이 정신을 통해 재현된 것이다(하틀리[1749] 1834 ; 브라운 1970, 10쪽에서 인용).

존 스튜어트 밀은 감각이 '신경 체계라는 인간 조직의 일부분에 의한 모종의 영향' 때문에 생긴다는 것을 우리가 알고 있음을 인정했지만, 그것이 우리가 아는 전부라고 말했다. 모든 정신 상태가 제각기 어떤 신경 상태의 결과라는 것은 매우 확실한 듯하지만, "우리 모두는 우리가 이러한 신경 상태의 특징들에 대해 전혀 모르고 있다는 점을 인정해야만 한다." 우리가 그것들을 탐구할 수 있는 유일한 방식은 그것들 때문에 유발된 것으로 여겨지는 정신 상태들을 관찰하는 것인데, 밀은 '늘 그렇지는 않지만 적어도 오랫동안' 이 방식을 따라야 할 것이라고 말한다. 정신 현상의 질서는 정신 현상 자체 안에서 탐구되어야 한다. 그것은 좀더 일반적인 어떤 현상의 법칙들로부터 추론될 수 없다. 그리하여 그는 '분명하고 독자적인 정신의 과학'이 있다고 말한다(밀 [1843] 1974, VI.iv.2).

5. 연합주의의 종언

존 스튜어트 밀은 '분명하고 독자적인 정신의 과학' ― 즉, 생리학과는 뚜렷이 분리된 학문을 옹호했다. 이 과학의 법칙은 흄과 하틀리, 그리고 특히 존 스튜어트 밀의 아버지인 제임스 밀(1773~1836)이 『인간 정신 현상에 대한 분석(*Analysis of the Phenomena of the Human Mind*)』(밀[1829] 1869)에서 제안한 관념 연합의 법칙이다. 존 스튜어트 밀에 따르면, 그의 부친의 책에는 "관념의 주된 법칙들과 그것들이 적용된 많은 사례들이 능숙한 솜씨에 의해 충분히 예시되어 있다"(밀[1843] 1974, VI. iv.3). 아들 밀은 그의 책『논리학 체계(*Systems of Logic*)』증보판에서 이 점에 대해 다음과 같은 주석을 달고 있다.

이 장이 쓰여졌을 때, 베인(Bain) 교수는 마음에 대한 그의 심오한 논저의 첫 부분('감각과 지성')도 채 출판하지 않았다. 여기서는 연합의 법칙이 이전의 어떤 사람의 경우보다 광범위하게 진술되고 풍부하게 예시되었다. '감정과 의지'가 출판됨으로써 완결을 본 이 작품은, 합당한 귀납에 의거해 볼 때, 정신 현상에 대하여 지금까지 나온 것 중에서 단연코 가장 완벽한 분석적 설명이라 할 수 있을 것이다.

밀은 연합 법칙에 대한 베인의 '포괄적 진술'이 연합주의 심리학의 활로를 틀 것이라고 믿어 의심치 않았다. 그러나 실제로 일어난 것은 그 반대였다. 어떤 주장이 명석 판명하게 진술되면 그속에 들어 있는 오류는 남김없이 드러나게 되어 있다. 베인은 연합 법칙들 중의 하나인 '인접의 법칙(law of contiguity)'을 다음과 같이 설명했다 : "동시에 혹은 서로 인접하여 일어나는 행동, 감각 그리고 느낌의 상태는 함께 생기거나, 그들 중 어느 하나가 정신에 나타날 때 나머지 것들도 관념 속에 나타나는 식으로 긴밀히 결합하는 경향이 있다"(베인 1855, 327쪽). 이에 대해 연합주의에 대한 19세기의 가장 혹독한 비판가인 브래들리(F. H. Bradley)는 행동, 감각 그리고 느낌의 상태는 특별한 경험 혹은 사건으로서 마음에 되살아날 수가 없는 것이라고 반박하였다. 그것들은 잠시 동안만 지속하며, 또

한 번 생기면 또다시 생길 수 없고, 한 번 사라지면 그걸로 끝이다. 연합이 부활을 선언하고 다시 부를 때까지 기다릴 수 있는 유랑처와 같은 저승은 그들에겐 없다. 사실이 일단 과거 속에 몸을 묻어버리면, 어떤 기적도 무덤의 입구를 열고 자연의 섭리에 의해 소멸되고 응고된 존재에 빛을 비출 수가 없다. 경건한 전설을 가진 이 감동 깊은 믿음들은 노쇠한 심리학의 전통을 등에 업고 쓸데없는 잡담을 늘어놓거나 혹은 지독한 도그마를 가진 형이상학 안에서 스스로를 왜곡시킬지 모른다. 그러나 철학은 그것들을 명부에 올려놓고 한숨을 쉬면서 계속 나아가야 한다(브래들리 1883, 280, 287-289쪽도 참조할 것).

여기서 '지독한 도그마(frantic dogma)'란 자아 혹은 행위자는 경험적으로 발견할 수 없기에 자아나 행위자는 존재하지 않는다는 경험주의자의 도그마다. 마음은 단지 지각과 느낌의 연속이거나, 이를테면 돌보는 이가 따로 없는 정신적 상태일 뿐이다. '노쇠한 심리학'은 브래들리가 다른 곳에서 '심리적 원자론'(같은 책, 276쪽)이라 부른 것인데, 이 이론의 상당 부분은 데이비드 흄에게서 나온 것으로, 흄 계열의 철학자인 토마스 브라운(Thomas Browm : 1778~1820)은 그의 저서 『인간 정신에 대한 철학 강의 (*Lectures on the Philosophy of the Human Mind*)』(1820)에서 그것을 다음과 같이 묘사했다.

만약 삶에서 생기는 최초의 느낌부터 삶의 최후를 장식하는 느낌까지 인간의 정신과 그 안에서 일어나는 모든 변화들이 다른 어떤 사고하는 존재들도 볼 수 있게 만들어질 수 있다면, 특정한 일련의 느낌들, 다시 말해 정신의 몇몇 연속적 상태들이 순간적인 정신 상태들로서 다양한 감각과 사고, 열정을 형성하지만 그 모든 것들이 개별적으로 존재하면서 서로 연속되는 것을 식별할 수 있을 것이다(브라운 1970, 336쪽).

브래들리의 관심은 추론에 있다. 그는 심리적 원자론을 거부하는데, 그 이유는 그것이 '추론에 대한 상당히 정교한 이론'(브래들리 1883, 273쪽)과 양립할 수 없기 때문이다. 간단히 말해, 심리적 원자론은 사람을 추론 활동에 적응할 수 없게 만든다.

여기서 우리의 관심은 행위에 있다. 심리적 원자론자는 인간이 어떤 일을 수행하는 동기를 정신의 다른 상태, 즉 의지의 활동으로 해석한다. 그는 동일한 동기가 항상 동일한 행동을 수반한다고 말한다. 행위의 개념을 옹호하는 사람은 이것이 동기가 실제로 어떻게 행동과 관련을 맺고 있는지에 대한 정확한 그림을 제공하고 있지 못하다며 거부할 것이다. 이러한 반론은 데이비드 하틀리의 『인간에 대한 관찰(*Observations on Man*)』이 출판된 지 7년이 지난 1756년경에 집필을 시작한 에이브라함 터커(Abraham Tucker : 1705~1774)의 『자연의 빛을 찾아서(*The Light of Nature Pursued*)』라는 책에 발표되었다. 터커는 알렉산더 포우프(Alexander Pope : 1688~1744)가 쓴 『머리타래의 강탈(*The Rape of the Lock*)』이라는 풍자시에서 하나의 예를 찾아 다음과 같이 썼다.

오해를 피하기 위해서, 내가 동기(motives) 및 그것이 정신의 작용에 끼치는 영향력의 효능에 대해 말할 때, 나는 그것이 단지 비유적인 표현으로 이해되기를 바란다. 다시 말해 나는 정신의 효능을 부정한다든지, 아니면 어떤 동작이나 힘 혹은 마치 하나의 당구공이 다른 것과 부딪혀 충격을 주듯이 동기가 정신에 가하는 충격을 긍정하려는 것이 아니라, 동기가 다만 '정신이 동기에 의해 요청된 것들을 성취하기 위해 동기에서 파생된 어떤 힘에 의해서가 아니라 정신 자신에게 고유한 활동력에 의해 노력하는 계기'를 정신에게 제공하는 것을 지켜보려 할 뿐이다. 이 문제에 대해서는 아마 상식을 초월할 정도로 지나치게 세심한 이해력을 지닌 일부 사람들을 제외한 모든 인류가 그렇게 이해하리라 본다. 그 시인이 벨린다로 하여금 '무엇이 나의 마음이 젊은 귀족들과 함께 배회하게 만드는가?'라는 물음을 던지게 했을 때, 그는 여러분으로 하여금 허영, 쾌락, 정복하고 싶은 욕심, 이익이 따르는 시합을 하고 싶은 바람 혹은 당신이 생각하는 또 다른 동기가 배회라는 관념에 내포된 저 모든 동작들을 가능하게 하였다고 믿게 만들었을까? 결코 그렇지 않다. 그것은 활력과 기운을 지닌 그녀 자신에 의해서만 가능한 것이었다. 그녀가 화장대 앞에 앉을 때 수많은 보물들이 일시에 열린다. 무엇이 보물을 나오게 하였을까? 황홀한 옷을 걸치고 나들이하고 싶은 그녀의 욕망이 아니라, 두 손을 가진 그녀 자신임은 말할 것도 없다. 어떤 행동을 우리의 것으로 만드는 것은 바로 이 마음이라는 활동인데, 그 외 다른 동인(動因)들로부터 나오는 것은 모두 우리에게 속하지 않기 때문이다.

아무도 우리가 때때로 동기에 따라 행동한다는 것을, 동기가 이끄는 곳으로 우리가 따라간다는 것을, 동기가 주어지지 않거나 기존의 동기들을 능가하는 다른 동기가 나타난다면 우리는 다르게 행동했을 것임을 부정하지 않을 것이다.

그러나 우리는 동기의 작용과 관련하여 우선 그것이 무엇인지 정확히 결정하지 못하기 때문에 이따금 잘못을 저지르기도 한다. 내가 생각하는 동기란 행동을 개시할 즈음 정신이 실제로 품고 있는 모종의 목표와 그것을 달성해야 한다는 충동이다(터커[1768] 1834, vol. 1, 제5장 브라운 1970, 104-105쪽에서 재인용함).

흄과 하틀리의 입장과 터커의 차이점은 이 정도면 충분히 부각되었다고 본다. 하틀리는 "동일한 동기는 항상 동일한 행동을 초래한다"(흄[1748] 1975, 제65단락)는 흄의 말을 따라 "동기는 다른 모든 원인들과 마찬가지로 작용하여 … 동기가 같으면 행동이 다를 수가 없고, 동기가 다르면 행동이 같을 수가 없다"(브라운 1970, 85쪽)고 말한다.

한편, 터커는 한 개의 당구공이 다른 것과 부딪히는 운동에 수반된 부류의 인과 관계와 "허영, 쾌락, 정복하고 싶은 욕심, 이익이 따르는 시합을 하고 싶은 바람, 혹은 당신이 생각하는 또 다른 동기"에서 벨린다가 수행하는 어떤 행위(젊은 귀족들 생각에 배회함)에 수반된 부류의 인과 관계를 구분한다. "동기가 같으면 행동도 다를 수가 없고, 동기가 다르면 행동은 같을 수가 없다"는 주장이 틀린 이유는, 바로 동기는 '다른 모든 원인처럼 작용'하지 **않기** 때문이다. 같은 동기로부터 다른 행동들이 충분히 나올 수 있으며('젊은 귀족들'은 벨린다의 마음을 사로잡기 위해서라면 무슨 짓이든지 할 것이다), 또한 서로 다른 동기로부터 같은 행동(허영심, 쾌락 등 때문에 젊은 주인들과 배회함)이 충분히 이루어질 수 있는 것은, 특정한 동기로부터 어떤 일을 하는 사람은 다른 공에 받혀서 강제로 움직이는 한 개의 당구공과는 **다른** 존재이기 때문이다. 동기란 "행동을 개시할 즈음 마음이 실제로 품고 있는 모종의 목적과 그것을 달성해야 한다는 충동”일 뿐이다.

흄과 하틀리는 우리가 ‘동기(motive)’라는 말을 실제로 어떻게 사용하는지에 대해 일부러 모르는 체했던 것 같다. 왜 그랬을까?

이에 대한 답은 내가 생각하기에, 그 두 사람은 특정한 종류의 설명은 엄밀한 의미에서 과학적인 것으로 간주되고 다른 종류의 설명은 그렇지 않았던 시대에 저술 활동을 하고 있었기 때문이다. 그 당시에는 목적의 관점에서 이루어지는 설명(explanations in terms of ends)은 엄밀한 의미에서 과학적인 것으로 간주되지 않았었다. 왜 그랬는지 알려면 아리스토텔레스로 돌아갈 필요가 있다. 아리스토텔레스는 어떤 사건의 발생과 관련하여 두 가지 종류의 설명을 구분하였다. (실제로 그는 두 종류 이상을 구분하였지만, 우리가 여기서 검토할 필요가 있는 것은 두 종류뿐이다.) 첫 번째 종류의 설명은 사건이 발생한 목적의 관점에서 제시된다. 아리스토텔레스는 간혹 이것을 ‘목적 원인에 의거한 설명(final cause explanation)’이라고 부른다. 또한 그것은 ‘목적론적 설명(teleological explanation)’(이 용어는 목적을 의미하는 그리스어 ‘telos’와 이야기 혹은 학설을 의미하는 ‘logos’에서 나왔다)이라 불리기도 한다. 또 다른 종류의 설명이란 다른 사건의 발생에 따라 반드시 일어나는 어떤 사건에 대한 것이다. 그 사건은, 아리스토텔레스에 따르면 ‘필연적’으로 일어난다. 때때로 아리스토텔레스는 ‘목적 원인’을 ‘운동 원인(motor cause)’과 대비하기도 한다. 그가 사용하는 또 다른 용어는 ‘능동 원인(efficient cause)’이다.

아리스토텔레스는 ‘목적 원인에 의거한 설명’을 ‘운동 원인에 의거한 설명’에 비해 진정 과학적인 것으로 간주하였다. 그는 다음과 같이 쓴 바 있다 : “그 원인은 우리가 목적 원인이라고 부르는 최초의 것이다. 왜냐하면 이것은 이성(Reason)이며, 이성은 예술 작품에서나 자연의 작품에서 출발점을 형성하기 때문이다"
(『동물의 부분들에 대하여』, 639b14).

아리스토텔레스는 목적 원인이 최초의 원인이라는 자신의 주
장이 안고 있는 한 가지 어려움을 검토한다 : "왜 자연은 어떤 것
을 위해서도 아니고 그렇게 하는 것이 더 낫기 때문도 아닌 방식
으로 운행하지 않는가? 하늘에서 비가 내리는 것이 옥수수의 성
장을 돕기 위해서가 아니라 필연적 법칙에 따른 것이듯이 말이
다"(『자연학』, 198b18). 특히, 명백히 어떤 목적을 가지고 있는
것들 — 이를테면 찢기에 적합하도록 날카롭게 생긴 앞니와 갈
기에 적합하도록 된 둥그스름한 어금니 — 은 왜 적자생존의 결
과로 그렇게 되었다고 볼 수 없을까? 아리스토텔레스는 분명히
우리가 여기서 선택을 해야만 한다고 생각한다. 자연은 어떤 목
적을 위해 작동을 하거나 아니면 필연성에 따라 작동하는 것이
지 이 두 가지를 **동시에** 수행할 수는 없다. 아리스토텔레스에게
목적론적 설명은 실제적인 설명(real explanation)이다. 즉, 그것
은 단지 비목적론적 언어로도 똑같이 잘 기술할 수 있는 사실을
기술하는 한 가지 방법이 아니다.

이 모든 것이 그의 **자연** 개념과 연관되어 있다. 나는 앞에서
플라톤의 두 가지 원인에 대해 언급한 바 있다. 한편에는 '정신을
가지고 태어났으며 공정하고 좋은 일들을 하는 존재들'이 있다.
다른 한편에는 불과 물, 땅과 공기처럼 '다른 것들에 의해 움직이
면서 동시에 다른 것들을 움직여야만 하는 존재들'이 있다. 아리
스토텔레스의 존재 도식에 나오는 '자연(Nature)'은 특이한 지위
를 가진다. 즉, 그것은 일종의 잡종 개념(mongrel concept)으로
묘사될 수 있다. '자연'은 '정신을 가지고' 태어났지만 정신과 같
지는 않다. 그것은 정신을 가지고 태어난 것들처럼 목적을 향해

움직인다. 하지만 정신을 가지고 태어난 것들과는 달리 우리는 자연에게, 적어도 소크라테스에게 왜 그가 앉아 있는지 물을 수 있는 것처럼, 왜 그것이 하는 바를 하는지를 물을 수가 없다. 더욱이 자연의 목적은 변하는 것이 아니다. 우리는 소크라테스의 마음을 바꾸게 할 목적으로 그와 논쟁을 벌일 수 있다. 그러나 도토리와 같은 자연 종(natural kind)은 내부에 미래의 계획이 이미 세워져 있다. 도토리의 본질(essence)은, 나중에 그것이 성장할 경우 물푸레나무가 아닌 떡갈나무로 변한다는 것이다.

이런 식으로 기술된 자연이라는 것이 존재한다는 사실은, 아리스토텔레스가 사물은 목적이 성취되는 방식으로 실제로 작동하고 있다는 사실에 의해 증명된 것으로 간주한 어떤 것이다. 그는 운동들이 도달하는 목적들이 있다는 사실로부터, "우리가 자연이라고 이름 붙이는 것에 대응하는 어떤 것이 실제로 존재함이 틀림없다"(『동물의 부분들에 대하여』, 641b26)는 결론에 도달한다. 간단히 말해, 자연은 실제로 목적 지향적이다.

아리스토텔레스는 아마 식물이나 동물만을 대상으로 목적론적 설명을 시도할 것이라고 생각할 수 있다. 목적론적 설명은 오늘날 생물학에서 활용되고 있다. 예를 들면, "왜 식물의 잎은 햇빛이 비치는 쪽을 향하는가?"라는 물음이 제기되었을 때, 한 가지 가능한 답은 "식물이 이산화탄소와 물로부터 탄수화물을 만드는 광합성 작용을 촉진시키기 위해서"다. 반면에 아리스토텔레스는 천문학 같은 영역에서는 목적론적 설명을 추구하지 않을 것이라고 생각할 수 있을 것이다. 그러나 그렇지 않다. 그는 다음과 같이 쓰고 있다.

… 우리는 별들을, 특정한 질서 속에 존재하지만 전혀 생명이 없

는, 단순한 물체나 개체로 생각하는 경향이 있다. 하지만 우리는 그것들이 생명과 독창력을 가지고 있는 것으로 생각해야만 한다. 우리가 그렇게 할 경우, 사건들은 더 이상 놀랍게 여겨지지 않을 것이다. … 이러한 고찰을 염두에 둘 때, 우리는 행성들의 운동이 동물과 식물의 운동과 유사하다고 생각해야 한다(『천체에 대하여』, 292a14–292b27).

아리스토텔레스의 자연관과 그와 결부된 과학철학이 수세기 동안 존속할 수 있었던 부분적인 이유는 그것이 교회로부터 기독교 신앙에 부합되는 것으로 인정받았기 때문이다. 사실 '목적 원인'에 대한 연구가 '운동 원인'에 대한 연구에게 길을 내준 것은 17세기 전반부가 되어서였다. 갈릴레오(Galileo : 1564~1642)와 가쌍디(Gassendi : 1592~1655) 같은 과학자들과 철학자들은 아리스토텔레스의 철학을 비웃었다(갈릴레오[1623] 1957 ; 가쌍디 [1624] 1959). 과학자들은 위험을 무릅쓰고 목적 대신에 메커니즘을 찾기 시작했다. 1632년에 갈릴레오의 『프톨레마이오스와 코페르니쿠스 — 두 개의 세계 체계에 대한 대화(Dialogue Concerning the Two Chief World Systems-Ptolemaic and Copernican)』(1953)가 출판되었다. 그 책이 실제로는 코페르니쿠스적 체계의 옹호임이 밝혀졌을 때, 그는 이단자로 기소되어 생애의 마지막 8년을 가택 연금 상태에서 지냈다.

데카르트는 갈릴레오와 가쌍디처럼 아리스토텔레스적 신학을 거부하였지만, 갈릴레오가 뒤집어쓴 종류의 죄목에 노출되는 것을 피하기 위하여 그는 『명상(Meditations)』에서 자신의 철학을 '신의 존재 및 정신과 육체의 구분에 대한 증명'으로 발표하였다. 그는 1641년 1월 28일, 『명상』에 대한 『반론』의 편집자인 마랭

메르센느(Marin Mersenne)에게 보낸 사적인 서신에서 다음과 같이 밝혔다.

> 우리 사이에 하는 말이지만, 이 여섯 편의 명상들은 나의 물리학의 모든 토대들을 담고 있습니다. 그러나 부디 사람들에게는 발설하지 말기를 당부합니다. 왜냐하면 그럴 경우, 아리스토텔레스의 지지자들이 그것들을 승인하기 어렵게 될지 모르기 때문입니다. 나는 독자들이 내가 제시한 원리에 차츰 익숙해져서, 그들이 아리스토텔레스의 원리를 스스로 무너뜨렸다는 것을 알아차리기 전에 내 원리의 진실성을 깨달을 수 있기를 희망합니다(캐니 1970, 94쪽).

그럼에도 불구하고 데카르트가 출판한 저서 속에는 신학에 대한 그의 반대가 명백히 표명된 구절이 몇 군데 흩어져 있다. 그는 제4명상에서 "나는 목적 원인에 대한 관례적인 탐구가 물리학에서는 전혀 쓸모 없다고 믿는다"(데카르트[1641] 1985, vol. II, 39쪽)고 썼으며, 제5군의 『반론』에 대한 응답에서는, 신이 우주를 움직이는 데 어떤 목적을 마음에 두고 있는지에 대한 추측들은 물리학에서는 아무 도움도 되지 않는다고 말했다(같은 책, 258쪽).

새로운 비신학적인 물리학에서 기계론적 설명의 패러다임으로 기대를 모은 신종(新種) 설명은 아이작 뉴턴(Isaac Newton : 1642~1727)에 의해 제공되었는데, 그것은 물체들의 운동을 그것들 사이에 발휘되는 중력으로써 설명하는 것이었다. 따라서 새로운 물리학의 성공에 감명을 받은 철학자들이 정신의 작용을 설명하는 데로 관심을 돌렸을 때, 그들은 정신 세계에서도 자연 세계의 물체들과 유사한 무엇을, 그리고 정신 세계에서도 자연 세계의 중력과 유사한 무엇을 찾았다. 데카르트는 물체들과 유사한 정신적 대응물을 '관념들(ideas)'에서 별 어려움 없이 찾아 철학자들에게 제공하였고, 흄은 로크가 제시한 관념들의 연합 (association of ideas)이라는 개념을 수용하여 나머지 작업을 마쳤다 : "여기에 자연 세계에서와 마찬가지로 정신 세계에서도 놀라운 영향력을 발휘하는 것으로 밝혀질 일종의 인력(ATTRACTION) 이 있다"(흄[1739] 1978, I.i.4). 훌륭한 정신의 과학(science of mind)이 있을 수 있다는 가능성은 사람들에게 관념들이 다른 관념들을 필연적으로 따른다고 생각할 것을 요구하는 것처럼 보였다. 이러한 상황 속에서 동기 혹은 목적 원인이라는 것이, 만약 조금이라도 존재한다고 할 경우 모두 '행동의 기계적 원인들'(하틀리[1749], 브라운 1970, 86쪽)로 간주되기에 이른 것은 전혀 놀라운 일이 아니다. 흄과 하틀리가 우리가 '동기'라는 용어를 실제로 어떻게 사용하고 있는지에 대해 일부러 모르는 척해야만 했던 것은 놀라운 일이 아니다. 먼저 동기가 무엇인지 명확히 결정하여야 한다는 터커의 간청이 묵살된 것도 놀라운 일이 아니다. 너무나 많은 것이 위험에 처해 있는 것 같았다. 그것은 바로 진정으로 과학적인(즉, 비목적론적인) 심리학의 가능성이었다.

6. 계속되는 종속 : 행동주의 심리학과 물리적 결정론

19세기 마지막 무렵에 활동한 심리학자들은 그들이 사변적 철학에서 분리되어 그 자체로 고유한 하나의 학문이 된 어떤 분야에 종사하고 있다는 것을 느끼게 되었다. 빌헬름 분트(Wilhelm Wundt : 1832~1920)는 이미 1870년에 최초의 실험심리학 연구소를 창건했다. 『논리학의 원리』(1883)를 쓴 브래들리와 같은 철학자들이 내성 연합주의의 철학적 기반에 대해 의문을 제기했을 때, 그들 대부분이 무시당한 것은 별로 놀랄 일이 아니다. 단지 '감각과 이미지들이 어떻게 마음에 다시 떠오른다고 말할 수 있는지'에 대한 철학적 문제 때문에 좌절되기에는 너무나 많은 것이 이미 투자되어 있었다.

내성 연합주의는 두 가지 외래 요인이 없었더라면 존속할 수 있었을는지 모른다. 첫째 요인은 연합주의자들 스스로 일치된 의견에 도달하지 못한 무능력이었다. 한 가지 유명한 불일치는 '이미지 없는 생각(imageless thought)'의 가능성에 대한 것이었다. 이미지 없는 생각이란 이미지들을 사용하지 않는 생각을 말한다. 분트와 티셔너(E. B. Tichener : 1867~1927) 같은 심리학자들은 모든 정신 과정이 감각과 이미지로 구성되어 있다고 주장했다. 그러나 뷔르츠부르크학파의 회원들은 다양한 여러 문제들을 해명하는 과정에서 내성의 방법을 통해서는 아무런 이미지도 발견할 수 없었노라고 주장했다.

내성주의자들의 또 다른 전형적 불일치에 대해서는 심리학 역사를 연구한 보링(E. G. Boring)이 다음과 같이 보고한 바 있다.

… 실험심리학자협회가 마련한 유명한 모임에서 티셔너는 홀트(Holt)와 뜨거운 논쟁을 벌인 후 다음과 같이 외쳤다. "당신은 초록색이 노란색도 청색도 아니라는 것을 보면 알 것이오." 그러자 홀트가 대답했다. "그 반대입니다. 초록색은 노란색이자 동시에 청색인 노랑-청색임이 분명합니다"(보링 1950).

이러한 두 가지 불일치의 예들은 모두 내성주의에 내재한 약

점을 잘 드러내고 있다. 내성주의자들이 자신의 마음을 들여다보고 발견한 것에 대해 서로 의견의 일치를 본다면 모든 일이 순조로울 것이다. 그러나 만약 서로 합의를 보지 못한다면, 그 불일치를 해결할 방도는 보이지 않는 것 같다.

두 번째 외래 요인은 다른 연구 분야의 성공이었는데, 거기서는 동물과 인간의 연속성을 주장한 다윈의 이론을 시험하고자 동물의 행동에 대한 연구가 이루어지고 있었다. 여기서 사용된 관찰 방식은 물론 동물학과 생물학 같은 과학에서 사용된 방식, 즉 통상적인 감각에 의거한 지각이었다. 관찰은 연구자들끼리 의견의 일치를 보게 하는 결과를 산출하고 있었을 뿐만 아니라, 관찰된 것을 설명하는 이론들 중 일부는 심지어 실험실이라는 조건 하에서도 테스트할 수 있었다.

관찰의 방법이 내성일 때 생기는 불일치를 해결해야 하는 어려움과 통상적인 관찰 방법으로 동물을 연구함으로써 생기는 유익한 결실을 놓고 볼 때, 동물을 연구하는 데 사용하는 관찰 방법이 인간을 연구하는 데도 똑같이 사용될 수 있으리라는 생각이 심리학자들에게 떠올랐을 것이라는 점은 충분히 이해할 수 있다. 그렇다면 심리학을 인간의 **정신** 작용에 대한 탐구로부터 인간의(그리고 동물의) **행동**에 대한 탐구로 바꾸어보면 어떨까?

최초의 자칭 행동주의자는 왓슨(J. B. Watson : 1878~1958)이었다. 그가 행동주의에 대해 처음으로 진술한 것은 「행동주의자가 본 심리학」(왓슨 1913)이라는 논문에서였다. 하지만 그의 견해는 1924년에 처음 출간된 그의 책 『행동주의(*Behaviorism*)』(1957)에서 좀더 충분히 개진되었다. 다윈의 이론에 고무된 동물 연구의 유익한 결실이 그에게 끼친 영향은 그의 책 서문에 나오는 다음 구절에 뚜렷이 나타나 있다 : "1912년에 콜롬비아대에서 행한 강의와 초기 저술에서 내가 발전시키고자 한 행동주의는 단 한 가지를 겨냥한 것이었는데, 그것은 많은 연구자들이 인간보다 저등한 동물의 연구에서 다년간 유용한 것으로 판명된 것과 같은 종류의 절차와 기술 언어를 인간에 대한 실험적 연구에 그대로 적용하는 것이었다"(같은 책, i쪽). 왓슨은 이에 적합한 '기술 언어(language of description)'는 '자극과 반응(stimulus and response)'이라는 용어라고 주장했다. "행동주의자가 내세우는 규칙 혹은 측정 잣대는 항상 이것이다 : 나는 내가 보고 있는 이 행동을 '자극과 반응'의 관점에서 기술할 수 있는가? 자극이란 말은 일반적인 환경 속에 있는 모든 대상을 의미하고 … 반응이란 동물이 행하는 모든 것을 의미한다 …"(같은 책, 6쪽). 적절한 기술 언어로서 자극과 반응이 지니는 중요성은 심리학자 자신이 자극을 제공할 수 있다는 데에 있다 : "인간의 행동에 대한 행동주의자의 관심은 관망자의 관심보다 훨씬 깊다. 그는 물리과학자들이 다른 자연 현상들을 통제·조작하기를 원하듯이 인간의 반응을 통제하기를 원한다. 행동주의 심리학의 책무는 인간의 활동을 예측하고 통제할 수 있게 하는 것이다"(같은 책, 11쪽).

행동주의가 하나의 선전 구호 이상의 것이 되기 위해서는, 관념 연합 이론이 내성주의의 요구에 부응했듯이, 행동주의 목적에 부응하는 원리, 즉 자극과 반응을 연결하는 모종의 설명 원리가 필요했다 — 비록 이 원리가 관념 연합 이론이 부딪혔던 것과 똑같은 강력한 반론에 직면하지는 않는다 할지라도.

묘하게도 데카르트는 이런 원리를 발견하는 문제와 관련해서 철학사에서 한 자리를 차지하고 있다. 그는 신체의 운동이 야기될 수 있는 두 개의 완전히 다른 방식이 있다고 생각하였다. 첫째, 감각 경로를 통해 두뇌에 도달한 '생기(animal spirits)'는 운동 경로에 자동적으로 반영되어 우리가 '비자발적(involuntary)' 운동이라 부르는 것을 만들어낸다. 둘째, 영혼은 의지 작용에 의해 그것과 결합된 두뇌의 부분을 의지가 목표로 하는 신체 운동을 산출하는 데 필요한 방식으로 움직이게 할 수 있다. 이러한 운동을 '자발적(voluntary)' 운동이라고 부른다(데카르트 1985, vol. I, 139, 341, 343쪽 ; vol. II, 161-2쪽).

생기의 반영('반사')에 의거해서 비자발적 운동을 설명하는 일은 파블로프(Ivan Pavlov : 1849~1936)에 의해 확립되었다. 파블로프는 개의 타액이 먹이에 대해 반응할 때만 분비되는 것이 아니라, 먹이를 준비하는 과정에서 발생하는 접시의 덜거덕거리는 소리와 같은 '심리적 자극(psychic stimulus)'에 대해 반응할 때도 분비됨을 발견하였다. 다시 말해, 개는 대리 자극(substitute stimulus)에 대하여 소화액 분비를 통해 반응하도록 '조건화'될 수 있다는 것이었다. 그 반응은 '조건 반응' 혹은 '조건 반사'였다.

파블로프의 발견은 새로운 행동주의 심리학자들에 의해 십분 활용되었다. 관념들의 연합을 확보하는 대신에 물리적 자극과 행동적 반응의 연합을 확보하는 것이 주된 과제가 되었다. 그러나 파블로프의 조건화에는 한계가 있다. 파블로프의 실험에서 드러나듯이, 그것은 오직 비자발적 행위의 영역에만 적용된다. 그것은 어떤 동물이 어떤 것에 대해 자연 상태에서는 하지 않을 특정한 방식으로 비자발적인 반응을 하게끔 하는 하나의 방식이다. 그것은 인간에게도 확대 적용될 수 있다. 그러나 정말 중요한 것, 즉 통상 자발적인 것으로 간주되는 인간 행동에 대해서 그 방식이 과연 어느 정도 확대될 수 있는가는 분명하지 않다.

다윈과 동시대 사람인 헉슬리(T. H. Huxley : 1825~1895)는 "우

리가 의지력(volition)이라고 부르는 느낌은 자발적 행위의 원인이 아니라 그 행위의 직접적 원인인 두뇌 상태의 상징일 뿐이다"(베이지 1964, 142쪽)라고 말하면서, 인간을 가리켜 의식을 가진 자동 인형(conscious automaton)이라고 선언했다. 그는 내성심리학자의 고유 영역인 정신이 일종의 '부수 현상(epiphenomenon)'이라고 말했다. 하지만 이것은 형이상학이었지 실험심리학은 아니었다. 파블로프가 동물이 소리에 반응하여 침을 흘리게 만드는 것과 같은 방식으로 헉슬리는 인간이 자신의 두뇌 상태에 어떤 일을 함으로써 자발적인 운동을 수행할 수 있게 할 수는 없었다. 필요한 것은 형이상학적 이론이 아니라, 실험을 통해 검사할 수 있고 인간의 행동을 통제하는 데 기여할 수 있는 과학적 이론이다.

다시 한 번 동물을 이용한 새로운 실험 작업이 추진되었다. 손다이크(E. L. Thorndike : 1874∼1949)는 고양이들의 문제 해결(problem-solving) 행동을 연구하고 있었다. 실험 상자 안에 갇힌 고양이들이 거기서 탈출하려면 줄을 당겨야 하게끔 되어 있을 때, 그들은 이것을 어떻게 알 수 있을 것인가? 손다이크는 한 마리의 고양이가 매우 많은 여러 일들을 자연스럽게 하다가 마침내 상자의 문이 열리는 결과를 초래한 행동을 함으로써 우리에서 빠져 나오는 것을 관찰하였다. 그 다음 실험에서도 고양이는 또다시 여러 가지 자발적 행동을 하였는데, 이번에는 줄을 조금 더 빨리 당겼다. 손다이크는 감금 상태에서 탈출하기까지 걸리는 시간이 아주 조금씩 줄어드는 것을 발견하였다. 그는 이것이 고양이가 그 상황에서 필요한 것이 무엇인지에 대한 어떤 '통찰력'을 보여주는 것은 아니지만, 그러한 학습 과정 (만약 그것을 '학습'이라고 부를 수 있다면) 은 자극-반응의 연결 ─ 상자 안에 갇혀 있다는 자극과 문을 열기 위해 줄을 당기는 반응의 연결

— 을 점차적으로 강화함을 뜻한다고 보았다.

손다이크는 이것을 '시행착오(trial and error)'에 의한 학습이라고 기술하였는데, 이것은 고양이의 성공적인 '시도(try)'가 상자로부터의 해방을 보증하는 데 성공함으로써 '강화'되기(즉, 이후로는 감금 상태에서 이러한 시도가 더 자주 일어나기) 때문이다. 그것은 또한 '도구적 학습(instrumental learning)' 혹은 '조작적 조건 형성(operant conditioning)'이라고 기술되었다. 그것이 '도구적 학습'이라고 불린 이유는 분명한데, 줄을 당기는 것이 고양이가 상자에서 빠져나가는 것을 보증하는 확실한 수단이 되기 때문이다. 그런데 왜 그것이 '조작적 조건 형성'이라고 불리는지는 분명하지 않다. '조작하는 것(an operant)'은 '작동하는 것(that which operates)'을 의미하고, 줄을 당기는 것은 탈출 메커니즘을 작동시키는 것이라 볼 수 있다. 그런데 왜 그것을 '조건 형성'이라 부르는 것일까? 내 생각으로는 이에 대한 설명은, 이 연구에 관련된 심리학자들이 그 학습 과정을 파블로프가 연구한 과정과 동일시하기를 원하였는데, 요점은 파블로프가 조건 형성을 설명하는 과정에서 추론이나 통찰과 같은 정신적 개념들에 대해 아무런 언급도 하지 않는다는 것, 말하자면 모든 것이 자동적으로 일어난다는 것이었다. 만약 도구적 학습이 단지 또 다른 종류의 조건 형성에 지나지 않는다면, 정신적 개념들에 호소하는 것은 불필요할 뿐만 아니라 부적절하다고 볼 수 있다.

'조작적 조건 형성'이라는 표현의 사용에 대하여, 그것이 우리로 하여금 도구적 학습과 파블로프적 조건 형성 사이의 두 가지 중요한 차이점을 간과하게 한다는 반론이 제기될 수 있다. 첫째, 파블로프의 조건 형성이 음식이라는 자극에 대하여 타액 분비와 같은 무의식적 반응에 의존하고 있다면, 손다이크에 의해 묘사된 도구적 학습은, 동물 위장에서 소화액이 분비되는 것이 그 동물이 행한 어떤 것이 아니라는 점에서, '동물이 능동적으로 **행하는 어떤 무엇이 있다**'는 사실에 의존하고 있다는 점이다. 만약 어떤 동물의 모든 '행동'이 자극에 대한 무의식적 반응으로 이루어져 있다면 도구적 학습과 같은 것은 있을 수 없을 것이다. 만약 줄 당김의 결과, 즉 우리 속의 감금 상태로부터의 탈출이 이러한 행동을 '강화(reinforce)'할 수 있다면, 줄을 잡아당김과 같이 동물이 스스로 행하는 어떤 것이 있음에 틀림없다. 그러한 독자적인 자발적 행동이 없다면 강화할 수 있는 어떤 것도 있지 않을 것이다.

둘째, 도구적 학습을 '조건 형성'으로 부르는 것은, 어떤 도구적 학습도 특정한 행동이 어찌해서 원하는 결과를 산출하는지 이유를 알고 있는 행위자를 통해 신속히 일어나지 **않음**을 시사한다. 아마도 고양이와 비둘기는 사물을 숙고하거나 '통찰'할 수 있는 능력을 가지고 있지 않을 것이다. 하지만 인간도 마찬가지라는 것은 명백한 잘못이다. 심지어 행동주의 심리학자들도 간혹 사물에 대해 추론을 하고 통찰력을 구사하고 있다. 사실 그들 자신이 저러한 '정신적 과정들'에 익숙해 있지 않는 한 어떻게 '추론과 통찰'에 관한 논의를 이해할 수 있는지 납득하기 어렵다. 그런데 동물들의 문제 해결 능력이 그러한 과정들을 내포한다는 것을 그들이 부인하는 것을 보면 그들은 분명히 그러한 논의를 이해할 능력을 가지고 있는 것 같다.

이러한 고찰들에 근거해서 나는 도구적 학습의 실상이 인간의 행동이 의도, 목적, 계획, 목표를 가진 자율적 주체에 기인한다고 본 플라톤과 아리스토텔레스가 '치명적 오류'를 범했다는 스키너의 비난(스키너 1973, 12-14쪽)을 정당화하지 못한다고 결론짓는 바다. 내성주의자인 하틀리가 동기를 행동의 '기계적 원인'이라고 묘사(브라운 1970, 10쪽)하는 잘못을 범하듯이, 행동주의자 스키너는 도구적 학습이 일어나는 조건을 '조건 형성'이라고 묘사하는 잘못을 범한다. 하틀리와 스키너는 모두 심리학을 '행위자 원인' 개념과는 전혀 무관한 과학으로 만든다는 목표를 가지고 있다. 그들에 따르면, 행동을 행위자(agent)에 종속시키는 것은 예측 불가능한 요소를 당면한 상황 속에 끌어들이는 것과 같다. 다시 말해, 만약 행위자들이 자신이 행하는 일에 책임을 지고 자유로이 행동할 수 있다면, 그들이 하는 일은 보편적 법칙에 회부될 수 없을 터인데, 보편적 법칙이 없이는 과학이 성립될 수 없다는 것이다. 스키너의 경우, 도구적 학습이 이루어지는 조건을 '조건 형성'이라고 부르는 것은 행위자가 아닌 조건 형성이 행동에 책임이 있음을 의미한다. 여기서 나는 소크라테스가 아테네인들이 내린 처벌을 기다리며 앉아 있는 이유가 그의 근육들이 이완과 수축 작용을 통해 그의 팔다리를 구부릴 수 있게 하기 때문이라는 견해에 대해 소크라테스가 내뱉은 대답이 생각난다 : "어떤 것의 원인과 그 원인의 필수적 조건도 구분하지 못하다니!"(플라톤 『파이돈』, 99b). 동물이나 인간은, 줄을 당기는 것이 자신이 원하는 결과를 가져오고, 그리하여 필요한 행동을 '강화'하지 않는다면, 줄을 당김으로써 상자를 탈출하는 방법을 배울 수가 없다. 그것이 바로 학습이 이루어지는 조건이다. 동물이나 인간이 필요한 행동에 대해 책임을 지지 못한다고 결론을 내리다니 말이나 되는가!

자, 만약 내성주의 심리학자도 행동주의 심리학자도, 사실을 틀리게 설명하는 때를 제외하고는, '행위자 원인'의 개념을 적절히 적용하는 것이 어디에서도 불가능하다는 것을 그럴 듯하게 보여주지 못한다면, 도대체 무엇이 이것을 그럴 듯하게 보여줄 수 있을 것인가? 워녹(G. J. Warnock)이 쓴 「행동과 사건」(워녹 1963)이라는 논문에 하나의 대답이 있다. 내가 앞에서 말한 바와 같이, '행위자 원인'의 특징은 행위자가 자유로이 움직이거나 움직이지 않을 수 있는 입장에 있다는 것이다. 스미스가 존스의 정강이를 걷어찬다고 가정해보자. 스미스가 존스의 고통에 대하여 도덕적 책임이 있다고 정당하게 주장될 수 있기 위해서는 그가 (이를테면 땅바닥에 두 발을 모두 디디고 서 있음으로써) 존스의 정강이를 걷어차지 **않을** 수 있었어야만 한다. 그런데, 존스의 정강이를 걷어차는 스미스의 행동은 자신의 발 동작을 수반하고 있다. (가) 물체 안팎에서 일어나는 모든 것은 물리적 법칙들의 결정론적 체계('물리적 결정론') 하에서 이루어 질 수 있고, (나) 이 점에서 인간의 육체는 다른 모든 물체들과 똑같다고 가정해 보자. 만약 스미스의 발이 존스의 정강이와 접촉하는 것이 물리적으로 결정되어 있다면 적어도 스미스가 자신의 두 발을 모두 땅바닥에 놓고 있었다는 것이 참일 수가 **없다**는 결론이 가능한 것 같다. 워녹은 다음과 같이 쓰고 있다.

물리적 결정론자(physical determinist)의 이야기는, 자신의 행동에 대한 설명이 (물리적 결정론자가 이야기하는 방식대로) 움직이는 물체에 대한 설명과 양립 가능한 사람들에게만 적합한 것 같다. 아니 명백하다. 물론 이와 유사한 다른 설명들이 당연히 있을 수 있겠지만, 그렇지 않은 **몇몇** 설명들도 분명히 있을 것이다. 그런데 이것은 만약 물리적 결정론의 논제가 참이라면, 어떤 사람이 하지 **않을** 수도 있었던 **어떤 일들**, 즉 물체가 어떻게 움직이는가에 대한 이야기에서 제외된 것들이 있음을 의미하는 것 같다. 그리고 이것은 사람들이

할 수 있었던 것(what people could have done)에 대한 우리의 견해 안에 우리가 원하는 만큼, 또 통상 우리가 실제로 가지고 있다고 믿는 만큼의 **자유로움**(latitude)을 조금도 남겨두지 않는 것 같다(같은 책, 77쪽).

위녹은 이어서 상황이 실제로는 이것보다 훨씬 더 나쁘다고 생각한다.

물리적 구조가 주어졌을 때, 실제로 일어난 것 이외에는 아무것도 일어날 수 없었다. 즉, 물체는 실제로 그것이 움직인 만큼만 움직일 수 있었다. 그런데 사람이 실제로 **행**한 것은 그렇게 결정되지는 않지만, 여전히 남아 있는 물음은 이것뿐이다 : 물질은 그렇게 움직인다 치더라도, 그 사람은 무엇을 하고 있었을까? 물론 이 물음에 대해 여러 가지 대답이 가능할 것이다. 그러나 가능성의 범위는 **그는 무엇을 할 수 있었을까** 하는 물음에 대한 대답으로 우리가 통상 고려할 수 있는 가능성과 **같지 않을** 것임이 분명한 것 같다. 물리적 결정론의 논제를 받아들이는 데에 사실상 우리는 특정한 방식으로 움직이는 물체와 양립할 수 있**는** 행동들에 대한 묘사에만 관심을 쏟았다. 팔다리가 특정한 방식으로 움직였던 어떤 사람에게 던져진 '그는 무슨 일을 해오고 있었을까'라는 물음은 원칙상으로 볼 때 '그는 무엇을 할 수 있었을까'라는 물음에 담긴 통상적 의미와는 매우 다를 것임이 분명하다(같은 책, 78쪽).

요컨대 위녹이 제시한 대답에 따르면, 만약 물리적 결정론이 옳다면 '행위자 원인'의 개념은 그것이 가지고 있다고 내가 생각한 '적절한 적용' 같은 것을 조금도 가지고 있지 않다.

7. 앤터니 플루에게 넘기며

만약 위녹의 추론이 타당하다면, 내가 물리적 결정론을 참된 명제로 받아들일 경우 나는 내가 '행위자 원인에 대한 나의 믿음'이라고 부르고자 하는 것을 지금 당장은 포기해야만 할 것 같아 보인다.

내가 보기엔 바로 이것이 행위와 필연의 문제다.

이 문제에 대한 나의 응답을 바로 말할 수 있지만, 이쯤해서 이 논쟁에 대한 나의 첫 번째 기고문을 마무리 짓고, 앤터니 플루가 토론에 가담할 기회를 주는 게 좋을 것 같다. 그는 이 문제에 대한 그의 생각을 개진할 뿐 아니라, 문제에 대한 나의 입장에 대해 논평도 해줄 것으로 희망한다. 그리하여 무엇이 문제인지에 대한 우리들의 입장 차이가 뚜렷해지면, 그에 대한 해결책을 주고받을 수 있을 것이다.

첫 번째 조우

앤터니 플루

1. 정신과학과 그것의 추정 전제들

내가 크라이스트처치 칼리지에 있을 때 동료 교수였던 짐 엄슨(Jim Urmson)은 이따금 장난기 어린 사색을 즐기곤 했다. 어떤 철학자가 다른 철학자에게 "동의합니다"는 말을 한다고 상상해보자. 일찍이 들어본 적이 없는 이런 칭찬은 십중팔구 모욕으로 받아들여질 수 있을 것이다. 그래서 나는 이제 곳프리 베이지의 관용을 바라면서 떨리는 마음으로 고백을 하는 바다. 왜냐하면 이 단계에서 나는 그가 앞의 제6절에서 거론한 주제인 '계속되는 종속 : 행동주의 심리학과 물리적 결정론'에서 말고는 실질적인 불일치의 가능성을 찾을 수 없기 때문이다. 그러나 그 부분에 대해선 그가 자신의 의도를 완전히 밝히기 전에는 나의 입장 표명은 보류되어야만 한다.

그의 첫째 기고문의 논지가 내 생각과 어긋나기는커녕 오히려 나는 그가 오늘날 초미의 관심사로 떠오르고 있는 이 문제를 흄이 '도덕적 주제들(moral subjects)'이라고 불렀던 것에 기원을 두고 있는 것으로 제시한 데 대해 전적으로 공감한다는 것을 우선 강조하고 싶다. 세월의 흐름에 의해 생긴 어법의 변화를 따라 우리는 이것을 도덕적 주제의 문제가 아닌 정신과학(moral sciences)의 문제로 바꾸어 기술할 수도 있겠다. 그러나 이 단어는, 적절한 맥락에서 볼 때 우리에게 좀더 친숙한 '사회적'이라는 의미보다는 흄이 말한 '도덕적(moral)'이라는 의미로 파악되어야 한다. 왜냐하면 우리에게는 역사, 사회학, 경제학, 인류학뿐만 아니라, 가능하다면 개인적이며 심지어 개인주의적인, 그리고 비사회적인 심리학까지 포섭하는 단어가 필요하기 때문이다.

영어권을 통틀어서, 아마도 특히 영국에서 오늘날은 세속화의 시대다. 오늘날에는 심지어 가장 영향력이 큰 교회 성직자들도 전통적으로 해오던 대로 교회로의 복귀를 고집하지 않고 그 대신 사회적 복음을 설파한다. 그 사회적 복음은, 전체주의적 사회주의가 주장하는 완전한 '해방신학(liberation theology)'이 아니라면 최소한 준사회주의(semi-socialists)의 노선을 따르는 것 같다. 예를 들면 영국교회협회는 기독교 자선 단체의 지원 하에 런던 지하철에서 여행자들을 대상으로 마르크스-레닌 정권이 들어선 니카라과의 평화를 위해 기도해줄 것을 호소하는 캠페인을 벌이는 것을 그들의 유일한 사명으로 삼은 적이 있다. 그러나 마찬가지로 반군의 끊임없는 습격에 시달리고 있는 엘살바도르의 기독교 민주당 정부를 위해서는 그와 유사한 정신적 도움을 줄 것을 요청하지 않았다.[1]

따라서 오늘날에는 좋든 싫든 간에 세속적 물음 — 정신과학의 전제와 결론들이 '행위자인 우리 인간은 근본적으로 현재 하고 있는 것 이외의 것을 언제든지 할 수 있다는 일상적 가정'과 조화될 수 있는가 하는 물음 — 을 가지고서 현대인들을 자극하는 편이 훨씬 쉽다. 이와는 다르면서도 대비되는 종교적 문제는, 창조주가 만든 인간들이 그들이 한 일에 대해 마땅히 책임을 질 수 있을 만큼, 또 무엇보다 이렇게 시종일관 자신들을 조작하는 신에 대해서도 책임을 질 수 있을 만큼 충분히 자율적일 수 있는가 하는 것이다. 우리는 논의의 출발점으로서 스키너(B. F. Skinner)가 제시한 진술들보다 더 명료하거나 더 적절히 자극적인 진술을 찾을 수 없었다. 게다가 그 진술들은 하버드대의 원로 교수 — 모든 행동주의 심리학자들이 인정하는 원로 — 라는 학문적 권위로서 우리에게 다가온다. 더군다나 그것들은 베스트셀러 저작들을 통해 널리 유포되어 많은 대중적 관심을 불러일으킨 바 있다.

베이지는 스키너가 초기 저작들 속에서 이미 개진하였지만 그 자신이 마지막 유언이라고 생각한 진술들로부터 인용을 하고 있다. 그래서 『과학과 인간 행동(*Science and Human Behavior*)』에서 우리는 다음과 같은 구절을 읽을 수 있다. "인간이 자유롭지 않다는 가정은 과학적 방법을 인간 행동에 적용하는 데 필요하다"(스키너 1953, 447쪽). 이런 관점은 한편의 유토피아 소설에서 같은 저자의 입을 통해 좀더 대중적인 방식으로 표현된다. "나는 자유가 존재한다는 것을 부정한다. 나는 그것을 부정해야

---

1) 옮긴이 주 : 내전으로 정국 혼란이 지속되고 있던 중남미의 1980년대 정치적 상황을 두고 하는 말이다. 당시 니카라과에는 43년에 걸친 소모사 독재정권을 종식시키고 1985년 1월에 산디니스타 혁명 정부가 들어섰는데, 소모사의 잔여 지지자들과 산디니스타에 반대하는 게릴라들은 미국의 지원을 받아 정부군에 대항하고 있었다. 한편 엘살바도르는 1984년에 미국의 지지를 받고 들어선 기독교 민주당의 두아르테 정권이 반정부 게릴라와의 대립으로 내홍을 겪고 있었다.

만 한다. 그렇지 않으면 나의 프로그램은 터무니없는 것이 되고 말 것이다. 우리는 변덕스럽게 이리저리 뛰어다니는 것에 대한 과학을 결코 가질 수 없다"(스키너 1948, 제29장). 또한『자유와 존엄을 넘어서(*Beyond Freedom and Dignity*)』라는, 기분 나쁘지만 매우 적절한 제목을 내건 책에서 스키너는 몸소 다음과 같이 주장한다. "자율적인 인간이 지닌 두 가지 특징은 큰 골칫거리다. 전통적 입장에 따르면 인간은 자유로운 존재다. 그의 행동은 어떤 원인에 의한 것이 아니라는 의미에서 그는 자율적이다. 따라서 그는 자신이 하는 일에 대해 책임이 있다고 볼 수 있으며, 이것을 위반할 경우 마땅히 처벌을 받아야 한다"(스키너 1971, 1972, 19쪽 ; 플루 1978, 제7장과 비교할 것).

여기서 당장 밝혀두어야 할 두 가지 사항이 있다. 첫째, 베이지가 인용한 몇몇 구절에서 더 분명히 드러나듯이, 스키너는 '전 과학적 입장'에서는 인간의 행동이 '내부 행위자(indwelling agent)'에 기인한다고 간주하는 경향이 있다. 이것은 특히『파이돈』에서, 합리적이고 책임 있는 행위자들로서 우리 모두는 본질적으로 육체가 없는 영혼들이며, 영혼들은 우리의 통제 하에 있는 육체 안에 갇혀 있다기보다는 어떤 식으로든 거주하고 있다고 주장한 플라톤에게서는 분명히 사실이다. 그러나 베이지가 나중에 인용한 문헌들에서 밝혀지듯이, 이러한 주장은 아리스토텔레스가 내놓은 견해는 분명히 아니었다. 그는 비육체적이거나 육체적이거나 일체의 '내부 행위자'를 가정하지 않았다. 그에게 분명히 인간이라는 행위자는 옛날이나 지금이나 살과 피를 가진 존재 그 자체였다.

플라톤과 아리스토텔레스를 인간의 본성에 대한 두 경쟁적 전통의 창시자로 보는 것은 여러 가지 면에서 효과적이다. 플라톤적 혹은 플라톤-데카르트적 전통에 따르면, 인간의 본질은 비물질적이며 육체가 소멸된 다음에도 독립해서 존재하거나 심지어 육체가 생기기 이전에도 존재한다고 의미심장하게 말할 수 있다. 아리스토텔레스적 전통에 따르면, 인간 존재는 단지 살과 피로 만들어진 일종의 (매우 특별한) 피조물에 불과한데, 이러한 주장에는 하나의 인격이 그가 수태되기 이전에 존재할 수 있다든지 아니면 육체적인 죽음과 소멸 이후에도 존속할 수 있음을 암시하는 것조차 아무런 의미가 없다는 무언의 함의가 깔려 있다(플루 1964, 서론).

많은 사람들이 흔히 알고 있는 '그리스적 관점'에 관한 스키너의 그릇된 가정은 그래도 가볍게 보아 넘겨야 한다. 왜냐하면 그것은 자신의 지식과 행위를 뽐내기 위해 말을 늘어놓는 사람들이 틈만 나면 부추기거나 주장하는 것이기도 하기 때문이다. 한 예로, 치좀(Chisholm 1963)은 다음과 같은 모토, 즉 "막대기가 돌을 움직이고, 그 막대기는 손에 의해 움직이고, 그 손은 사람에 의해 움직인다"(아리스토텔레스『자연학』, 256a)로 그의 글을 시작한다. 그런데 철학자인 그는 자신의 논문 제목을 「인간의 자유와 자아」로 고집하였는데, 이 제목은 그 특이하고도 불명확한 전문 용법으로 인해 그것이 의도하는 지시 대상을 짐작할 수 있는 누구에게든지 플라톤 식의 '내부 행위자', 즉 비물질적 영혼을 암시할 것이다.

스키너에 관한 둘째 사항으로 넘어가기 전에, 나는 치좀의 모토를 윌리엄 제임스가 보고하고 베이지가 27쪽 이하에서 논의한 팔 마비 환자의 경우에 관한 질문에 답하기 위한 실마리로 삼고자 한다. 나는 이 환자의 경우 "그가 자신의 손을 들어올린 것처럼(그가 손이 올라가는 것을 느끼지 않은 것과는 별개로) 보이지만, 실상은 그는 아무것도 하지 않았다"고 지적하면서 우리가 여기서 아리스토텔레스를 따라야 한다는 베이지의 견해에 동의한다. 그 환자는 특별한 노력을 하고 있지만 여전히 성공하지 못하고 있다는 사실을 스스로 깨달을 때만 시도했다느니 실패했다느니 하는 말을 할 수 있는 것일까? 가령 그가 자신의 팔이 다쳐서 마비가 되었다는 것을 알았는데, 이제는 병원에서 시간이 좀 흐른 후 팔을 정상적으로 사용하기 위하여 각고의 노력을 기울이고 있었다는 것을 그가 알았다고 가정해보라.

아울러 기본적 행동에 관한 베이지의 취급 방식은 아마도 다음의 두 부연 설명에 의해 적절히 보강될 수 있을 것이다. 첫째, 기본적 행동에 관한 '어떻게?'라는 질문은 부사적인 답을 요구하는 것으로 해석되어야 한다. 다시 말해, '무엇을 수단으로'라는 뜻의 '어떻게'가 아니라 '어떠한 방식으로'라는 뜻의 '어떻게'라는 것이다. 둘째, 어떠한 염력 효과(psychokinetic effort)나 진짜 초감각적 현상을 의도적으로 산출하는 것은 필시 어떤 기본적 행동을 구성하게 되어 있는데, 그 이유는 수단의 사용이 여기서는 정의상 배제되기 때문이다(플루 1987).

스키너의 『자유와 존엄을 넘어서』에 관한 두 번째 사항은 지금 논의되고 있는 쟁점들에 대한 단순한 학문적 관련성과 중요성 이상의 것을 시사하기에 비중 있게 다룰 필요가 있다. 그것은 스키너가 자신이 보기에 검은 야수에 불과한 '자율적 인간'이란 개념을 거절함으로써 너무나 당연하게도 정치적 자유에 대해 거의 아무런 가치를 부여하지 않게 되었다는 점이다. 따라서 그는 낙태를 불법으로 간주하는 조직과 그렇지 않은 조직 사이의 뚜렷한 차이점을 인정하기를 거부하였다. 후자의 경우를 두고 그는 심술궂은 조소를 담아 "개인은 단지 법적인 처벌이 더 이상

부과되지 않는 결과에 따라 행동할 것이라는 의미에서 그 문제에 대한 자신의 입장을 스스로 결정하도록 '허락을 받았다'[원문 그대로]"(스키너 1973, 97쪽)고 말하였다. 글쎄, 그런 의미에서라면 나도 그렇게 생각한다. 왜냐하면 그것이 전적으로 사실이기 때문이다. 스키너는 '도박, 술, 성 매매'를 금지하는 형법을 만들 것인가 말 것인가에 대한 차이점과 관련해서도 이와 동일한 이론상의 암점(scotoma)을 이미 보여준 바 있다(같은 책, 91쪽).

스키너는 또 "좀더 나은 생활 환경의 보장 또는 형기 감량 등을 대가로 죄수들이 위험에 처할 수도 있는 실험 — 예를 들면 새로운 약물에 관한 실험 — 에 자원하도록 하는 관행"을 검토하기도 한다. 그는 다음과 같은 수사학적인 질문을 던진다. "그러나 정적 강화가 주어졌을 때 그들은 정말로 자유로운가?"(같은 책, 39쪽). 정적 강화(positive reinforcement)란 단지 자극에 대한 약속된 대가를 지칭하는 그의 공상적인 방법에 다름 아니기에 대답은 보나마나 '그렇다'다. 싫든 좋든 어쩔 수 없이 의학 실험의 재료가 되어야만 했던 벨젠(Belsen)과 다카우(Dachau) 수용소 수감자들의 경우는 그 반대일 것이다. (스키너가 제시한 아이디어의 정치적 함의를 더욱 철저히 검토하고 싶으면 플루의 『이성적 동물』(1978)을 참조하기 바란다. 베이지가 인용한 세 명의 마르크스주의자 비평가들은, 굳건한 독재 권력을 차지해야 할 엘리트는 스키너의 경우와는 달리 레닌주의자여야 한다는 것을 고집한다는 점에서 차이를 보일 뿐, 이러한 관점에 흡족했음에 틀림없다.)

만일 우리가 다루고 있는 문제가 사람들이 무엇을 할 때 그것을 하거나 하지 않을 자유가 있는가 없는가, 혹은 있어야 하는가 없어야 하는가에 관한 것이라면, 우리가 던져야 하는 질문은 그들이 그 특정한 일을 강제로 해야 하는 처지에 있는지 아니면 하지 말아야 할 처지에 놓여 있는지의 여부다. 이것이야말로 "바로 … 모든 것이 달려 있는 문제다." 이런 정치적 자유에 관한 질문은 '자율적 인간'의 실재에 대한 스키너의 부인 자체가 부인될 때만 중요한 것으로 인정될 수 있을 것이다. 그러나 설사 이 두 종류가 그렇게 연결된다 하더라도, 우리는 한편으로 '모종의 강제 아래 이루어진 행위가 아니라 어떤 사람 자신의 자유 의지에서 이루어진 행위에 관한 질문들'과, 다른 한편으로 '행위의 전제, 본성 그리고 함의에 관한 질문들'을 동일시하는 것은 잘못이라고 주장해야 한다. 이 책의 제목이 '자유 의지와 필연'이 아니라 '행위와 필연'인 이유가 바로 여기에 있다.

이 두 가지의 구별은 종종 와해되거나 아예 만들어지지 않기도 한다. 그런데 이 두 가지 죄, 즉 '저지르기(commission)의 죄'와 '안 저지르기(omission)의 죄'는 여전히 흔하다. 이들은 로크가 『인간지성론』에서 "나는 **의지가 자유로운가** 라는 질문은 적절하지 않지만, **인간은 자유로운가** 하는 질문은 적절하다고 생각한다"(II.xxi.21)고 썼을 때 책망의 대상이 된 바로 그 죄다. 그러나 최근에 자신의 논문이 자유 의지에 대한 '옥스퍼드 철학 선집'에 수록된 한 철학자는 별 주저 없이 다음과 같이 공표했다. "자유 의지의 개념은 행위자가 실제로 행동하는 것과 다르게 행동할 수 있는 행위자의 **힘** 또는 **능력**으로 이해되어야 한다는 데 대부분의 사람들이 동의하는 것 같다. 인간이 자유 의지를 가지고 있음을 부인하는 것은 사람이 실제로 **하는** 것과 사람이 **할 수 있는** 것이 일치한다고 주장하는 것과 같다"(밴 인와겐 1982, 49-50쪽). 문제가 되고 있는 표현의 일상적 의미에 대한 설명으로서 이는 돌이킬 수 없는 오류이지만, 행위의 한 가지 본질적 요소에 대한 설명으로는 꽤 설득력이 있다고 인정될 수 있다.

하지만 이 철학자가 연이어 제시하는 두 개의 제안까지 관대하게 대하기란 어려워보인다. 왜냐하면 그는 '그들 자신의 자유 의지' 및 그와 연관된 표현들이 의미하는 바가 규명될 수 있고 또 수용된 패러다임 케이스들을 바탕으로 실제 적용 가능함을 보여줄 수 있다는 주장들에 대한 그의 비난을 표명하기 위해 신속히 써 내려가다가(같은 책, 55-56쪽), '예정설(predestinarianism)'의 정의를 내리는 대목에 가서는 잘못을 범하고 있기 때문이다.

그가 우리에게 알려주는 바에 따르면, 예정설을 주장하는 사람은 다음의 두 명제를 옹호한다. (1) 어떠한 행위가 예견된다면 그것은 자유롭지 못하다. (2) 모든 행위는 신에 의해 예견된다(같은 책, 56쪽). 이 모두는, 일부 고전 신학자들의 인용문에 의해 곧 밝혀지겠지만, 단적인 무지를 보여주고 있다. 훌륭하긴 하지만 분명 근본적으로 오도된 저 사상가들은, 우리의 대부분 행위들은 실로 자유롭게 수행된다고 말할 수 있으며, 동시에 우리의 모든 행동뿐만 아니라 다른 모든 사건들은 단지 예견된 것이 아니라 신이 미리 정하였으며 또 궁극적으로 신이 모든 것을 유발하였다고 과감하게 주장하였다. 이전 논의의 마지막 세 문단에서 몇 가지 잘 알려진 오해가 지적된 바 있다. 여기서 이 작업은 이중의 목적을 가지고 있다. 첫째는 잘못의 수정이다. 그것들은 모두 이 주제에 대한 토론에 착수하는 사람이면 누구나 주의해야만 하는 오해다. 둘째는 지지다. 우리는 여기서 두 번째의 방법론적 문제에 접하고 있는데, 이에 대해선 베이지와 내가 완전히 의견의 일치를 보고 있다. 그것은 바로 이와 같은 논의에서 우리는 항상 예전의 훌륭한 분들이 주장하고 강조하고 제시하였던 다양하고 적절한 논변들, 구별들 그리고 반박들을 기억해야 한다는 점이다. 이 모든 기여 가운데 어느 것도 — 그 문제에 관해서라면 그 어느 것도 — 무비판적으로 수용되어서는 안 된다. 그러나 그 어느 것도 단순히 무시되어서도 안 된다. 우리가 늘 선배들로부터 배우려는 자세를 갖추지 않는다면 우리는 철학이 든든히 자리매김하고 실질적인 발전을 이루리라고 기대할 수 없다.

아마추어와 전문가를 막론하고 너무나 많은 철학자들이 1960년대의 학생 혁명을 오도한 금언인 "하루하루를 너의 첫날인 것처럼 살아라!"라는 반(反)청교도적 금언에 따르고자 기를 써왔고 지금도 그러고 있는 것 같다. 가령 그리 오래 되지도 않은 일인데, 명망 높은 철학자들이 이제는 '양립 가능론자(compatibilist)'라고 적절히 불리고 있는 모종의 입장을 이미 주장했거나 여전히 주장하고 있다는 사실을 알아채지 못한 것 같은 사람들이 쓴 완전히 새로운 책들이 출판되던 적이 있었다. 윌리엄 제임스가 '온건한 결정론자(soft determinists)'라고 부르기도 했던 양립 가능론자들은 철학적 외교에 의해, 이전에 대립하였던 두 진영이 도저히 양립할 수 없다고 생각한 주장들이 적절한 수정과 상호 허용을 통하여 화해될 수 있다고 주장한다.

이렇게 보았을 때, 많은 권위 있는 철학자들 — 홉스(Hobbes), 그리고 좀더 유명한 흄(Hume)이 포함된 — 이 양립 가능론자들이었다. 그렇다면 이 양립 가능론은 어느 정도의 검토도 없이 종결지을 수 있는 입장이 아니다. 따라서 만약 독자 여러분이 이 입장이 과거나 현재나 가장 많이 지지되고 있다는 사실을 모른다면 여러분 스스로 지금의 논의에 온전히 참여할 수 있는 자격을 박탈하고 있는 셈이다. 이 논의는 플라톤 이후 오랫동안 어떠한 형태로든 계속 진행되어 왔기 때문에, 이제 우리는 홉스 자신이 브램홀 주교(Bishop Bramhall)와 소논문을 주고받으며 벌인

'대논쟁' 중에 제시한 바 있는 날카로운 의견을 제대로 적용할 수 있는 구별, 논변 그리고 반박을 상당히 많이 가지고 있다. 토마스 홉스(1588~1679)는 중요한 어떤 구별과 관련하여 그 차이점을 이해하지 못하는 사람은 누구나 "이 논쟁을 청취할 자격이 없으며, 글로써 논쟁에 참여할 자격은 더더욱 없다"(홉스 1839-1845, V. 51쪽)고 말한 바 있다.

베이지와 나는 이 책을 읽는 독자들이 어떤 중요한 문제에 관하여 우리 둘 중 어느 쪽에도 동의하지 않는다 하더라도 이 책을 읽음으로써 '논쟁을 청취할' 자격뿐만 아니라 스스로 참여할 자격을 얻기를 희망하는 바다. 나는 이처럼 긴요한 예비 연구를 경시함으로써 앞서 다져진 토대를 견고히 강화하지 못한 것은 실수라고 생각하는데, 그것은 왜 밀턴(Milton)의 작품에 등장하는 잘난 체하는 악마들이 그들의 탐구에 진전을 보지 못했는지를 설명해주기도 한다.

> 다른 무리는 멀리 언덕 위로 물러나 앉아 있는데,
> 고상한 사색에 빠져 한껏 헤아리는 것은
> 신의 섭리, 예지, 의지 그리고 운명,
> 부동의 운명, 자유 의지, 절대적 예지인데,
> 아무런 결론도 못 찾고 미로 속을 헤맬 뿐이다.
> (『실낙원』 II. 557-561)

2. 물리적 원인과 정신적 원인 : 올바로 구분하기

베이지는 자신의 기고문 제2절에서 플라톤이 분명히 제시한 기본적인 구분에서부터 논의를 시작한다. 그러나 이 구별의 요소들을 찾기 위하여 베이지는 1960년대에 활동한 여러 철학자들에게 의존하는데, 그들 대부분은 자신들의 입장이 철학의 옛 조상들에 의해 이미 예견되었다는 것을 몰랐던 듯하다. 만약 그들의 독립적 저술이 플라톤의 저술보다 우수하거나 아니면 그와 대등한 수준이었더라면 이러한 무지는 대수로운 것이 못 되었을 것이다. 그러나 그들을 (혹은 그들의 일부를) 따라 베이지가 말하는 '행위자 원인'과 '사건 원인'에 관해 이야기하는 것은 그 구분이 '원인'이라는 단어가 가지는 서로 다른 의미들 간의 구분이라기보다는 서로 다른 종류의 야기(causing) 간의 구분이라는 점을 암시할 수밖에 없다. 그 결과 초래된 혼란은 이 그룹에 속한 철학자들 가운데 한 사람의 진술에서 가장 명백하게 드러나는데, 그 자신은 훨씬 덜 만족스러운 용어를 선호하고 있다. "하나의 사건이나 사태(혹은 일련의 사건들이나 사태들)가 어떤 다른 사건이나 사태를 야기할 때, 우리는 **외재적 원인**(transeunt causation)의 사례를 가지게 된다고 나는 말할 것이다. 그리고 사건과 구분되는 어떤 **행위자**가 어떤 사건이나 사태를 야기할 때, 우리는 **내재적 원인**(immanent causation)의 사례를 가지게 된다고 말할 것이다"(치좀 1964, 28쪽).

그러나 내가 하는 어떤 행동 — 예컨대 플런저를 누르는 행동 — 이 어떤 일이 발생하게 되는 — 말하자면 다리의 파괴 — 원인이라고 가정할 때, 이 원인은 우연하게 떨어지는 어떤 물체가 비슷한 방식으로 연결된 비슷한 기폭 장치를 칠 때의 비슷한 충격과 정확하게 같은 의미를 지닌 원인이며, 정확하게 같은 종류의 원인이다. 이 두 원인 — 즉, 그 행동 그리고 행동이 아닌 그 사건 둘 다 — 은 모두 무엇인가를 야기(cause)한다. 둘 다 어떤 일의 발생을 강제(necessitate)한다. 즉, 주어진 모든 여건 속에서 그것들이 발생했을 때, 그 둘은 폭발이라는 똑같은 결과를 야기하며 그렇지 않은 경우는 (실질적으로) 불가능하다는 것은 (실질적으로) 불가피하다.

상당히 중요한 차이점과 그에 따른 올바른 구분이 한편으로는 '어떤 행위자가 행동하도록 야기된다'고 말하는 것의 의미(the sense in which an agent is said *to be caused* to act)와 다른 한편으로는 '다른 무언가가 일어나도록 야기된다'고 말하는 것의 의미(the sense in which anything else is said *to be caused* to occur) 사이에 존재한다. 현대 문학에서 이러한 두 가지 의미를 매우 만족스럽게 설명한 가장 초기의 자료는 콜링우드(R. G. Collingwood)의 『형이상학 에세이(*An Essay on Metaphysics*)』다. 거기서 첫 번째 의미는 "'야기된' 것은 의식적이고 책임 있는 행위자의 자유로운 숙고에 따른 행위며, 그가 그것을 하도록 '야기함'이란 그에게 그것을 하는 동기를 부여함을 뜻한다"고 정의된다. 두 번째 의미는 "'야기된' 것은 자연 안의 한 사건이며, 그것의 '원인'은 우리가 일으키거나 막을 수 있는 결과를 일으키거나 막는 사건 혹은 사태다"로 정의된다(콜링우드 1940, 285쪽). (베이지가 '시행착오 학습'에 대한 손다이크의 설명을 인용하였기 때문에, 콜링우드가 이미 자신의 책에서 손다이크 및 기타 여러 뛰어난 실험심리학자들의 성급한 이론화 작업에 대해서 맹렬하지만 부당할 정도로 등한시된, 그러면서도 결코 진부하지 않은 비판을 전개하였다는 사실을 언급하는 것은 적절하게 되었다.)

매우 친숙한 두 번째 의미를 가진 '원인'이라는 단어의 사용에 대해 더 이상 예증을 하는 것은 불필요하다고 본다. 그러나 첫 번째 의미의 용법도 사실 우리에게 똑같이 친숙하긴 하지만, 그것을 거듭 상기하도록 강조하는 것은 꼭 필요하다. 가령 내가 잘 아는 어떤 원수가 불운을 겪었다는 소식을 듣게 되었다고 생각해보자. 나는 이 소식을 축하의 원인으로 받아들이고 싶어할지도 모른다. 만일 내가 그렇게 한다면, 나 자신에게나 다른 모든 사람들에게나 내가 이 소식을 접한 것이 내가 축하하는 이유이자 축하의 원인이라고 말하는 것이 옳을 것이다. 그럼에도 불구하고 나는 이 사건 전체에서 수동자(patient)가 아니라 행위자였다. 아무것도 또 아무도 나에게 축하하고 야단법석을 떨라고 강요하지 않았다. 나는 대신 — 내가 좀더 훌륭한 사람이었다면 아마도 이렇게 했을 터인데 — 똑같은 정보의 획득을 연민의 원인으로 받아들일 수도 있었을 것이다. 내가 이런 식으로 반응하기로 선택했다면, 나 자신에게나 다른 모든 사람들에게나 이 소식을 접한 것이 내가 동정하는 이유이고 내 연민의 원인이라고 말하는 것이 옳을 것이다. 그래서 우리는 여기서 똑같은 원인이 단순히 다른 결과가 아니라 정반대의 결과를 야기할 수도 있는 경우를 보게 되는 것이다.

말이 나온 김에 여전히 보기 드물게 콜링우드에 주목하는 철학자 한 명이 여기서 문제를 완전히 왜곡하는 것에 대해 언급하도록 하겠다. "기본적인 은유는 … 첫 번째 사람이 그가 하고자 했던 것을 … 다른 사람이 하게 한다는 것이다. 따라서 저 기본적 은유가 본질적으로는 강제의 은유라는 점은 주목할 만하다"(셀라즈 1976, 142쪽). 간혹, 첫 번째 사람이 원하는 대로 행동하도록 두 번째 사람에게 제공된 이유가 가공할 만한 위협일 때, 우리는 강제의 경우를 만나게 된다. 그러나 그 이유가 보상의 약속일 때 — 스키너가 언급하였던 자원한 수감자의 경우에서처럼 — 강제가 아니다.

앞에서 설명하였던 '원인'의 두 가지 의미의 차이점은 아주 크고, 실천적인 측면에서 매우 중요하기에 우리는 그것을 좀더 기억하기 쉬운 방법으로 새겨두어야 하겠다. 다음에 등장하는 예는 '웃기는(하하)'과 '웃기는(특이한)'의 관용적 차이에 대한 예다. 여기서 문제는 괄호 안에 무엇을 넣을 것인가 하는 것이다. 이전에 출판된 저술들에서 나는 '물리적(physical)'과 '개인적(personal)'을 제안하였다. 이제 나는 흄에게서 조언을 구하는 것이 낫다고 생각한다. 그는 그의 『에세이집(*Essays*)』에 수록된 한 글에서 이런 종류의 구별에 대한 나름대로의 방법을 설명하고 있다.(『에세이집』은 『인성론(*Treatise*)』이나 『탐구(*Enquiries*)』와는 달리 철학자들에게 많이 읽히지 않는다.)

흄의 방법은 우리의 구분 방법과 양립하기도 하고 실로 상보적이기도 하지만, 상당히 다르다. "나에게 **정신적**(moral) 원인이란 동기나 이유로 마음에 작용하기에 적합한 모든 여건을 의미한다. … **물리적**(physical) 원인이란 몸의 분위기와 습관을 교체하면서 느낄 수 없을 정도로 서서히 기질에 작용하는 공기와 기후의 성질들을 의미한다 … "(흄[1742] 1985, 198쪽). 이러한 상술은 정신적 원인이, 플라톤의 표현대로 비록 늘 '공정하고 좋은 일을 하는 것'은 아니더라도, '정신을 부여받았다'는 점을 보증한다. 그러나 그것은, 마땅히 그렇게 해야 함에도 불구하고, 실제적 필연성의 필수 요소를 제공하지 않는다. 왜냐하면 물리적 원인은, 다시 플라톤의 표현대로, '다른 것들에 의해 움직이면서 동시에 다른 것들을 움직여야만 하는 것들'로서 필연성을 지니고 있기 때문이다. 그러나 바로 그것이야말로 흄이 한사코 부인하고자 하는 어떤 것이다. 흄은 자신의 '화해 프로젝트(reconciling project)'가 성과를 보기 위해서는 그것을 부인해야만 한다.

우리는 이 양립 가능론의 입장을 나중에 다시 다루게 될 것이다. 당면한 과제는 정신적 원인과 물리적 원인 간의 근본적이고도 영향력이 큰 구분이 지니고 있는 함의와 추이를 좀더 규명하는 것이다. 일단 그것들을 적절하게 밝히고 나면, 우리는 상응하는 또 하나의 구분, 즉 두 가지 결정론 사이의 구분을 짓고 그것을 활용할 준비를 해야 할 것이다.

매우 널리 읽히고 있는 응용 역사철학에 관한 에세이에서, 뛰어난 역사가이기도 한 홉은 '결정론'에 대해, 일반적으로 수용될 수 있다고 스스로 생각하는 정의를 내리고 있다. 철학자 사무엘 알렉산더(Samuel Alexander)에 대한 감사의 말과 함께, 그것은 "발생하는 모든 것은 원인 또는 원인들을 가지고 있으며, 그 원인 또는 원인들 안의 어떤 것이 달라지지 않는 한 결과도 달라질 수 없다는 믿음"으로 표현되었다(카아 1961, 87쪽).

'원인'이라는 단어가 물리적인 의미로 이해되는 한 이 정의는 별 문제가 없다. 만일 그렇게 이해된다면 결정론은 실제적 강제(practical necessitation)와 실제적 불가피성(practical inevitability)에 관한 이론이 된다. 그러나 만일 '원인'이 정신적 의미로 이해된다면 — 역사를 비롯한 정신과학에서 거의 언제나 그렇듯이 — 우리는 완전히 다른 처지에 놓이게 된다. 모든 행동이 정신적 원인의 관점에서 — 말하자면 행위자의 동기, 목적, 의도 등의 관점에서 — 설명될 수 있다고 주장하는 것은, 그 행위자들이 그렇게 행동하도록 강제되었다는 것, 즉 모든 행동은 행위자 자신들조차 피할 수 없었다는 것을 정면으로 부인하는 것이다. 반대로, 갑돌이나 갑순이가 이러저러한 것을 원하였기 때문에 이것 또는 저것을 하였다는 주장은, 그들이 달리 행동할 수 없었음을 뜻하는 것이 아니라 행동할 수 있었음을 전제한다. (이 문제에 대해

카아가 내놓은 해법에 대한 비판을 위해선 플루 1978, 제3장을 참조할 것.)

'원인'의 두 의미에 대한 구분이나 '결정론'의 두 의미에 대한 파생적 구분이 갖는 중요성은 아무리 강조해도 지나침이 없다. 우리가 일단 이것을 확실하게 이해하면, 『자유와 존엄을 넘어서』에 위협이 되는 것은 결정론 중에서도 오직 물리적 결정론뿐이라는 것이 명백해진다. 바로 이런 연유 때문에 이 책이 '행위와 결정론'이 아닌 현재의 제목을 갖게 된 것이다.

두 번째의 파생적 구별에 대한 거의 보편적인 실패는 끝없는 혼동을 야기한다. 물론 그 실패 자체는 물리적 원인과 정신적 원인을 구별하는 사람들이 비록 한 종류는 강제화하지만 다른 종류는 그렇지 않다는 점을 알아차리지 못하거나, 아니면 어떤 식으로든 강조하지도 않은 채 곧잘 그러한 구별을 한다 ─ 우리가 보았듯이 흄도 그러하다 ─ 는 사실에 의해 부분적으로 설명된다. 이러한 혼동은 사회과학 관련 여러 학문들 자체와 그것들이 지니고 있는 의미에 대한 외부의 해석 모두에 침투해 있다.

예를 들어, 『범죄에 대해 생각함(*Thinking about Crime*)』이라는 매우 훌륭하고 개방적인 책에서 저자는 마치 전혀 논란의 소지가 없다는 듯이 다음과 같은 말을 쏟아낸다. "… 만일 인과적 이론이 범죄자가 어떤 짓을 행하는 이유를 설명한다면, 그것은 그가 그렇게 해야만 하는 이유 또한 설명하는 것이다 …"(윌슨 1977, 63쪽). 인간 행동의 원인들을 찾는 문제는 언제나 그 행동을 어떤 식으로든 강요하는 요인들을 찾는 문제가 되어야 한다는 생각은 정말 너무나 흔해서, 모든 인간은 똑같은 환경적 자극에 똑같은 방식으로 반응해야 하고 또 그럴 것이라는 점을 한순간도 가정하거나 제안하지 않은 희귀한 연구자들에게 공개적

으로 경의를 표해야 할 정도다(예를 들어, 앨리스 콜먼 외 1985
를 보라.)

사회과학철학(philosophy of social sciences) 분야에서 많이
사용되는 일급 교재들이 이렇게 중요한 구분을 계속해서 다루지
않는 한, 현재와 같은 통탄할 상황이 개선될 것 같지 않아보인다.
결국 그와 같은 책은 행동의 의미를 물리적으로 결정하고 강요
하는 자연 법칙이 과연 존재하거나 존재할 수 있는가 하는 근본
적인 질문을 제기하는 것조차 등한시한다. (라이언 1970 ; 레스노
프 1976 ; 프랏 1978 ; 파피노 1978과 비교해보고, 플루 1985와도
대조해보라.)

3. 물리적 원인과 정신적 원인 : 구분에서 생기는 이득

현재 우리의 목적에 비추어볼 때, 저 모든 혼란에서 부각되는
가장 흥미로운 특징은 '정신적 결정론'의 증거를 '물리적 결정론'
의 증거로 착각하는 것이다. 이러한 오해는 누구든지 중요한 두
용어 중 어느 하나가 가지고 있는 애매성을 제대로 식별하지 못
할 때 어쩔 수 없이 생기게 되어 있다. 이러한 통찰력을 갖추지
못한 사람은 의외로 많다. 가령 프로이트는, 우리 식으로 말하면
정신적 결정론이라는 유(類) 개념에 포섭되는 일종의 종(種) 개
념으로 분류되어야 마땅한 '심적 결정론(psychic determinism)'
이라는 것을 주장하였다. 그러나 그는 분명히 이것을 그 자신이
교육받으며 성장하였던 — 유명한 비엔나의과대학의 전성기에
— 일반적이고도 강력한 물리적 결정론의 심리학적 특별 사례로

파악하였다(플루 1978, 제8~9장). 어쨌든, 최종적인 진실이 무엇이든 간에 이 두 결정론은 일단 양립 불가능한 것처럼 보인다.

만약 우리의 모든 행동이 어떤 동기에 의해 이루어진다면, 그만큼 우리는 필연성이 지배하는 보편적 결정론(universal necessitating determinism)에 종속되어 있음에 틀림없다고 자주 주장되어 왔다. 우리가 지금 행하고 있는 것이 아닌 다른 것을 한다는 것은 결코 가능하지 않다. 이 논쟁은 18세기에 출간된 조셉 프리스틀리(Joseph Priestly)의 저서 『철학적 필연성 이론의 예시(*The Doctrine of Philosophical Necessity Illustrated*)』(1777) 제5절에서 충분히 전개된 적이 있음이 밝혀졌다. 19세기에 프란시스 골턴 경(Sir Francis Galton)도 똑같은 경로를 통하여 똑같은 결론에 도달하였다. 그는 자신에게 여러 개의 행동 대안이 주어져 있다고 믿고 있는 상태에서 그가 실제로 내린 결정의 사례들을 일일이 공책에 기록하였다. 그러나 그는 늘 되돌아보면 자신이 하려고 한 행동 — 실제로 할 수밖에 없었던 행동 — 을 결정하는 데에 항상 충분히 강한 이유들을 가지고 있었다는 사실을 발견하였다. 같은 세기에 쇼펜하우어(Arthur Schopenhauer : 1788~1860) 역시 프리스틀리(1733~1804)를 인용하면서 똑같은 경로를 거쳐 똑같은 결론에 도달하였다(쇼펜하우어[1841] 1960, 79-80쪽).

20세기에 들어와 프로이트와 그를 추종하는 사람들이 그동안 내놓은 저술들에도 비슷한 주장이 가득 차 있다. 예를 들어, 링 펠로우십(Fellowship of the Ring)의 창단 멤버이자 프로이트의 공식 전기 작가인 어니스트 존스(Ernest Jones)는 '완전한 정신적 결정론에 대한 믿음에 반대하는 심리학적 논변들'에 부적격 판정을 내렸다. 그에 따르면 이것들은 단지 다음과 같은 것을 보여줄 뿐이다.

한 개인은 어떤 의식적인 동기도 인식할 수 없다. 그러나 의식적인 동기 부여(conscious motivation)가 무의식적 동기 부여(unconscious motivation)와 구별될 때, 이러한 확신의 느낌은 우리에게 전자가 행동과 관련된 우리의 모든 결정에 영향을 미치지는 않는다는 사실을 가르쳐준다. 한편에서 자유롭게 남겨진 것은 다른 한편으로부터 — 무의식으로부터 — 동기를 부여받으며, 그래서 심적 결정론은 무난하게 실현될 수 있다. 무의식적 동기 부여에 관한 지식은 결정론에 대한 철학적 논의를 위해서도 빠뜨릴 수 없는 것이다(존스 1920, 77-78쪽).

나는 다른 곳에서 무의식적 동기와 의식적 동기가 서로 다른 방식으로 행동에 관여한다는 것을 주장한 바 있다(플루 1978, 제8장). 그러나 여기서 결정적으로 중요한 점은 어떤 식으로든 의식적 욕망(conscious desires)을 강제적(물리적) 원인으로 해석하는 것은 완전히 잘못되었다는 점이다. 내 능력이 미치는 어떤 일이든 내가 하고자 할 때, 나는 실제로 그것을 할 것인지 말 것인지를 선택할 수 있다. 정녕 이것이야말로 인간에게 모든 일은 그의 수중에 있다는 말의 의미다(플루 1985, 89-97쪽). 따라서 욕망한다는 것 그 자체는 결코 행위하는 것을 강제하지 않는다. 자신의 욕망 가운데서 어느 것을 유효한 동기(operative motive)로 채택할 것인가는 항상 행위자 자신에게 달려 있다. 절묘한 구성이 항상 돋보이는 애거서 크리스티(Agatha Christie)의 탐정 소설들 중 한 군데에서, 탐정 프와로(Hercule Poirot)가 누가 살인의 동기를 가질 수 있었을 것인가에 대해 의문을 품었을 때, 눈에 보이는 거의 모든 사람이 범인인 것처럼 보이는 장면이 자주 나온다. 그러나 — 으레 그렇듯이 — 결국 오직 한 인물만이 관련된 욕망을 실제로 (물론 작품 속에서는 허구로) 살인의 동기로 채택하였음이 드러난다.

이 모든 것에 대한 뻔한 대답은, 만일 우리가 어떤 욕망을 충족시키기 위한 행동을 하지 않는다면 그것은 오직 우리가 더 강한 충족을 요구하는 또 하나의 더 강력한 욕망에 의해 강요되었기 때문이라는 것이다. 나중에 미국의 일부가 된 영토에서 성장한 최초의 주요 철학자였던 조나단 에드워즈(Jonathan Edwards : 1703~1758)는 그의 저서 『의지의 자유(*Freedom of Will*)』에서 다음과 같이 썼다.

> 또 나는 동기라고 적절하게 불리는 모든 것은 … 결과에 앞서 또는 의지의 자극에 따른 행동에 앞서 의지를 자극하는 … 어느 정도의 경향성을 가지고 있다는 점이 모든 사람들에게 받아들여질 것이라고 생각한다. 이러한 동기의 선행 경향을 나는 동기의 '강점'이라고 부른다. … 그리고 이런 의미에서 의지는 항상 가장 강한 동기에 의해 결정된다고 나는 생각한다(에드워즈[1756] 1957, 142쪽).

그러나 지금까지 에드워즈 자신은 물론이고 그의 계승자 어느 누구도, 욕망하는 행위자가 결국 하게 된다는 실제 행위를 순환 논법에만 의거하여 공허하게 언급하지 않고, 이른바 좀더 강한 또는 가장 강한 욕망을 확인할 수 있는 어떠한 구체적 방법도 규명하지 못했다. 사실 다른 누구도 이 일을 해낼 수 없을 것이다. 왜냐하면 좀더 강하거나 가장 강한, 따라서 독자적으로 확인 가능한 그 욕망이라는 관념은 바로 욕망의 논리는 곧 기계론적 힘의 논리라는 오해에 근거를 두고 있기 때문이다. 만약에 이 불가능한 계책이 목적을 달성할 수 있다면, 탐정 프와로가 희생자를 죽이려는 더 강한 또는 가장 강한 욕망을 가진 사람을 탐지함으로써 살인자를 찾아내는 것이 이론상으로 가능할 것이다. 그러나 그것은 사실상 불가능한 일이며, 앞으로도 결코 가능하지 않을 것이다.

우리가 가지고 있는 욕망들은 우리를 밀어붙이는 외부의 힘 (external forces)이며, 우리 자신보다는 그것들이 바라는 곳으로 우리를 몰고 간다는 오해는 최소한 고전 역학만큼이나 낡은 것이다. 우리는 이 오해를 에이브라함 터커(Abraham Tucker)가 그의 책에서 인용한 포우프의 『머리타래의 강탈』에 나오는 '황홀한 의상을 걸치고 나들이하고 싶은 욕망'을 가진 아가씨에 대한 구절, 즉 베이지가 찾아내어 그의 첫 번째 기고문에서 우리에게 알려준 구절(45-46쪽)에서만큼 더 효과적이고 통쾌한 방법으로 분쇄하기를 바랄 수 없을 것이다.

기초 물리학을 모델로 하여 개인 심리학이라는 학문을 발전시키는 일은 많은 사람들이 시도하였고, 일부는 아직도 미련을 버리지 못하고 있다. 이러한 시도는 우리의 욕망을 우리에게 작용하는 외부의 힘으로 잘못 파악하여, 우리의 실제 행동이란 것이 어떻게 이러한 외적인 힘이 우리 몸에 상호 작용한 결과로 일어난 것에 불과한지를 보여주고자 한다. 그리하여 앞서 언급한 책의 제4장에서 프리스틀리(1777)는 "… 사랑과 미움의 원인인 상반되는 동기들은 저울 양쪽의 무게를 맞추는 것처럼 서로 균형을 이루는 것으로 알려져 있다. 아무리 보아도 이들보다 더 일정 불변하거나 기계적으로 행동할 수 없는 것 같다"고 썼다. 아울러 그것은 잘 알려진 유사 기술 용어인 '충동(drives)'이 도입될 수 있는 토대를 마련해주는데, 이 용어는 우리가 본능적 요구에 의해 수동적으로 움직이는 존재라는 것을 강하게 그러나 근거 없이 암시하고 있다.

부단히 유혹하는 호소에도 불구하고 이 모든 기획은 전적으로 부질없는 것이다. 우리의 욕망은 조금 전에도 살펴보았듯이 결코 **외부적 힘**이 아니다. 우리가 우연히 갖게 된 욕망 중 어느 것이든 우리는 그것을 행동의 동기로 받아들일 수도 있고 않을 수도 있다. 즉, 선택할 수 있다. 우리가 수행하기로 선택한 어떤 행동도 우리 자신이 동기로 채택한 욕망에 의해 강요되는 것이 아니다. 한마디로 벡터 유비(vector analogy)는 인간 행동에 적용되지 않는다. 모든 욕망들이 결과로서의 행동을 결정하는 데에 언제나 그것들이 가지고 있다고 추정되는 측정 가능한 힘에 정확히 비례하는 영향력을 발휘하지는 않기 때문이다. 간혹 그 중 한두 가지는 충족될지 모르나 나머지는 완전히 좌절된다.

　강력한 설명력을 가진 동기 부여가 있다는 사실로부터 가차없이 강제력을 행사하며 따라서 완전히 결백하다고 통상 간주되는 결정론에 도달하는 과정 속에는, 대규모의 오해를 불러일으키는 두 개의 관용 어법, 즉 "그는 선택의 여지가 없었다(he had no choice)"와 "그녀는 달리 어떻게 할 수가 없었다(she could not have done otherwise)"라는 표현이 많이 사용되는 것을 흔히 볼 수 있다. 문제의 핵심은 이들 일반적 관용 어법들은 다음의 경우들, 즉 그 행위자들은 좀더 근본적인 의미 — 이 책이 해명해야 하는 근본적 의미 — 에서 볼 때 선택의 여지를 **가졌으며**, 달리 **행동할 수 있었다**는 것이 부인되지 않고 오히려 당연시될 수 있는 경우들에 적용되어야 올바른 적용이라 할 수 있다는 것이다. 예를 들어 또 다른 정신 분석적 진술을 살펴보자. 별로 중요하지 않은 결정에서 그 행위자가 '원하는 대로' 이것 또는 저것을 할 수 있음을 모든 사람들이 확신한다는 것을 마지못해 시인한다

할지라도, 그 이론은 다음과 같은 명제를 내놓는다 : "중요한 결정을 앞두고 … 그 사람은 어쩔 수 없이 오직 하나의 선택지를 향해 이끌려 감을 느끼고, 또 그는 정말 그 문제에 대하여 다른 선택을 할 여지가 없으며 어떤 다른 것도 바라지 않는다는 특징을 보인다. 루터의 유명한 말 '여기 제가 서 있습니다. 저는 다른 어떤 것도 할 수 없습니다(Hier stehe Ich. Ich kann nicht anders)' … 는 하나의 고전적 예다"(존스 1926, Ⅱ, 81-82쪽). 프로이트 자신이 이와 똑같은 예증을 사용하였고, 똑같은 방식으로 오해하였다는 점은 주목할 만하다(프로이트 1901, 253-254쪽).

그러나 프로테스탄트의 대영웅이 내뱉은 저 유명한 말을 문자 그대로 해석해서는 안 된다. 루터는 자신이 급작스런 전신 마비의 희생물이 되었음을 주장하고 있는 것이 아니다. 왜냐하면 "달리 어떻게 할 수 있었다"는 표현의 일상적인 의미를 지키면서 나는 달리 어떻게 할 수 없었다고 말하는 것은, 좀더 근본적인 의미에서 나는 달리 할 수 있었다는 가정과 어긋나지 않을 뿐만 아니라 실제로 그 가정을 전제하는 것이기 때문이다. 실로 우리 모두가 알고 있듯이 루터가 의미한 바는 — 루터는 사실 그런 뜻으로 말했다 — 그가 전신 마비에 걸려서 물러날 수 없다는 것이 아니라, 그에게 주어진 행동의 다른 대안들 중 어느 것도 받아들 수 없다는 것이었다.

보름스 제국의회(Diet of Worms)에 출두한 루터[2]와는 달리, 자신의 의지에 따라 행동하지 않고 강제에 의해서 행동하는 사람을 다시 생각해보자. 그 사람은 강도들이 들이대는 기관총의 위협에 직면하여 금고 문을 열고 그 안의 내용물을 꺼내 바치는

---

[2] 옮긴이 주 : 종교 개혁을 주도한 루터는 1521년 보름스에 소집된 제국의회에 출두하여 황제와 영주들 앞에서 자신의 주장을 철회할 수 없다고 선언하였다.

은행 매니저가 될 수 있을 것이다. 또는 심술궂은 남자아이가 자신의 예쁜 새 드레스를 더럽히려 위협하기 때문에 선생님에게 버릇없는 말을 외쳐대는 어린 여자아이가 될 수도 있겠다. 그들이 강제 하에서 행동하였다는 변명은 그들이 선택할 수 있었던 다른 가능한 대안적 행동들이 없었다는 뜻이 아니다. 각자의 경우에 가능한 명확한 대안이 있었다. 그것은 바로 그들이 말하는 변명 하나 하나가 지시하는 그 대안이다. 문제는 그 행위자에게 대안이 없었다는 것이 아니라, 비록 대안이 있었음에도 불구하고, 그것은 행위자가 선택하지 않았다고 해서 반드시 비난이나 처벌이 주어질 수 없는 그런 대안이었다는 점이다.

　자신의 자유 의지로 무언가를 하는 사람이나 똑같은 일을 강제로 하는 사람이나 모두 행동한다는 점에서는 같다. 따라서 그 행동에는 그들이 선택할 수 있었던 대안이 틀림없이 있었다고 봐야 한다. 바로 이런 이유 때문에, 그리고 오직 이런 이유 때문에 우리는 좀더 심각한 잘못을 변명하기 위해서 더 강력한 대안을 필요로 한다. 우리의 은행 지배인이 강도들이 자신의 말쑥한 제복을 망가뜨리려 위협했었다는 점만 탄원할 수 있을 뿐이었다면, 그의 변명은 설사 관대한 분위기 속에서라도 받아들여지지 않았을 것이다. 자신들은 오직 강제에 의해 행동했다고 탄원하는 사람들이 정말 행동을 한 것이 아니라면, 또 좀더 근본적인 의미에서 만일 정말로 그들에게 선택의 여지가 없었고 달리 어떻게 할 수가 없었다면, 이와 같은 구분은 부당하고 납득할 수 없는 것이 되고 말 것이다.

　사람들이 강제로 행동하거나 행동하지 말아야 하는 그런 상황과, 그들이 아무것도 하지 않는 상황은 완전히 다른 것이라는 점은 확실하다. 내가 솜씨 좋고 완력 있는 일단의 무리에 의해 제압

당하여 그들이 나를 아무것도 아닌 듯이 창 밖으로 던져 날려보냈다고 가정해보자. 그 결과로 내가 당신의 온실 지붕 위에 떨어져서 당신이 애지중지하는 난초가 훼손되었다고 가정해보라. 그러면 한 순간에 벌어진 그 황당한 일에 대해 아무리 해명이 가능하다 할지라도, 당신이 내게 왜 그 소중한 난초를 손상시켰느냐고 따져 묻거나 혹은 내가 나도 어찌할 수 없는 강제에 의해 그렇게 행동하였다고 설명하는 것은 옳지 못할 것이다. 왜냐하면 애당초 내가 설명하거나 해명해야 할 '나의 행동'이 없기 때문이다. 나는 어떤 일을 하거나 혹은 하지 않은 것이 아니다. 나는 강제에 의해 행동하지도 않았다. 도대체 나는 전혀 행동하지 않았다. 책임을 져야 할 행위자는 나를 창 밖으로 던진 사람들이었다. 나는 그저 미사일처럼 날아간 희생자였다.

보름스 의회에 소환된 루터나 유사한 곤경에 처한 어느 누구나, 한때 그가 행한 것을 하도록 '정신적 필연성(moral necessity)'의 지배를 받은 존재로 묘사될 수 있었을 것이다. 이때 사용된 형용사가 위에서 설명한 의미로 사용되었다면, '물리적'의 반대어로서 받아들여질 수 있다. 그러나 그 명사('필연성')는, 만약 그 용어가 관련된 사람들이 그들이 실제로 행하는 것 이외의 것을 행할 수 있는 행위자들이 아님을 시사하거나 시사할 의도를 담고 있다면, 완전히 틀린 것이다.

조나단 에드워즈는 이 주제를 다루는 데 최상의 솜씨를 선보인 바 있다. 어떻게 살과 피를 가진 존재인 우리 인간들이 일상사의 경험을 통해 물리적 (그는 자연적이라고 불렀음) 필연성의 관념을 획득할 수 있고 또 획득하고 있는지에 대한 그의 설명은, 흄 개인에 대한 경고장으로 의도된 것임이 틀림없다. 왜냐하면 흄은 우리가 그와 같은 것에 대한 타당한 관념을 가질 수 있다는 것과 그런 것이 존재한다는 것을 공식적으로 모두 부인하였기 때문이다. 여기서 '공식적으로'라는 말은 각별히 강조할 필요가 있다. 왜냐하면 지금 논란이 되고 있는 개념과 그 개념의 적용 가능성을 직접 논의하는 때를 제외하고는, 흄은 누구 못지 않게 자연적 필연들이 실제로 있다고 주장할 준비가 되어 있기 때문이다. 베이지가 앞서 인용한 구절(39쪽)은 이러한 주장을 확증하는 성찬식의 역할을 할 수 있을 것이다.

에드워즈에게 다시 돌아가기 전에, 내친 김에 베이지가 이어서 흄의 이른바 "마음을 단지 지각과 느낌의 연속이거나, 돌보는 이가 따로 없는 정신적 상태에 불과한 것으로 파악하는 … '지독한 도그마'"를 다룬 부분(43쪽)에서 도출될 수 있는 적절한 교훈을 지적할 수 있다. 왜냐하면 흄이 우리가 물리적 필연성을 경험하지 않기에 그에 대한 합당한 관념도 가질 수 없다고 결론지을 수밖에 없었던 것은, 행위를 통하여 무언가를 발견할 수 있는 자격을 영원히 박탈당한 비실체적 정신에게 주어질 수 있는 경험이 어떤 것일까 하는 물음만을 집요하게 파고들었기 때문이다 (흄[1739] 1978, I.iii.14 ; 플루 1986, 제5~6장과 비교해보라).

오늘날 철학자들에게는 — 심지어 자신이 개인적 비실체성이라는 '지독한 도그마'를 단호하게 버린 것으로 생각하는 철학자들까지도 — 법칙 명제(nomological propositions)가 물리적 필연성이나 물리적 불가능성을 함의하지 않는다고 암묵적으로 가정하거나 심지어 노골적으로 주장하는 일이 다반사가 되어버렸다. 그래서 비엔나 서클[3]의 원조인 모리츠 슐릭(Moritz Schlick)은 기술 법칙(descriptive laws)과 규범 법칙(prescriptive laws)

---

3) 옮긴이 주 : 철학은 과학의 방법을 따라야 한다는 신념 아래 1926년경에 결성된 수학자, 과학자, 철학자들의 단체.

을 구별하면서, 자연의 법칙은 후자가 아닌 전자에 속한다고 주장하곤 했다(슐릭[1931] 1939, 제7장). 슐릭의 입장에 동조하여 일각에서는 "'결정론'이라는 단어는 어느 정도 오해의 소지가 있다. … 아울러 이런 맥락에서는 '필연성'이라는 말과 심지어 '원인'이라는 말 자체의 사용도 마찬가지다. … 그러나 … 우리가 인정할 수 있는 사실은 단지 어떤 유형에 속하는 하나의 사건이 일어날 때 다른 유형에 속하는 하나의 사건도 일어난다는 것뿐이다. 나머지는 모두 은유에 불과하다"는 주장도 나왔다(에이어 [1956] 1982, 22쪽). 앞으로 좀더 분명해지겠지만, 법칙 명제들도 기술의 역할을 한다는 것은 분명히 사실 — 결코 은유가 아닌 — 이다. 그러나 그것들이 기술하는 것은 단지 궁극적으로 볼 때 우연의 일치에 불과한 규칙들뿐만 아니라 실제적으로 필연적인, 따라서 교란시키는 것이 실제적으로 불가능한 규칙들이라는 점이다.

아래에서 에드워즈는 우리 모두가 이러한 필연성 및 불가능성과 얼마나 친숙한지 상기시키고 있다.

모든 사람들은 자신이 하고 싶어하지만 할 수 없는 일이 수없이 많다는 사실을, 또 그들이 싫어하지만 선택 여부에 상관없이 피할 수 없는 일이 수없이 많다는 사실을 아주 어린 시절부터 깨닫기 시작한다. 사람들이 일찍이 자주 발견하고, 수많은 경우들을 통해 일찌감치 자신들에게 그렇게도 큰 영향을 끼친 이 필연성을 표현하기 위해 여러 용어들과 구절들이 처음으로 만들어졌다. 그리고 그것들이 처음으로 사용되고 그 후 삶의 평범한 일들 가운데 부단히 사용되는 것은 이와 같은 필연성을 나타내기 위해서다([1756] 1957, IV.3, 352쪽).

에드워즈는 곧이어 — 분명히 흄의 『인성론』을 염두에 두면서 — 물리적 필연성이 항상 주된 개념이 되어야 한다고 주장한다. "명제적 진리의 토대를 명제의 주어와 술어의 결합에서 찾는 그 어떤 형이상학적, 사변적, 추상적 개념들도 주된 개념이 될 수 없다." 그러나 에드워즈는 논리적 필연성의 본성에 대한 만족스러운 설명을 한 번도 성공적으로 전개하지 못한다. 우리가 그의 책에서 발견하는 거의 모든 지적 결함들은 사실은 바로 이러한 실패 때문에 생긴 것이다. 하지만 그는 자연적(물리적) 필연성과 정신적 필연성의 본질 및 그들 간의 차이점에 대해서 매우 분명한 인식을 보여주고 있으며, 그 당시에 정신적 필연성으로 불렸던 것이 사실은 어떤 종류의 필연도 아님을 매우 줄기차게 강조한다.

그는 "'정신적 필연성'이란 말로 설명되는 것에서 … '필연성'은 그 단어의 원래 의도와 의미에 따라 사용되지 않았다는 점에 주목해야 한다"고 결론을 내린다(같은 책, 159쪽). 왜냐하면 "가장 엄밀하고도 타당하게 말한다면, 만약 사람이 어떤 것을 자신의 선택에 의해 가지고 있다면 그는 그의 힘에 의해 그것을 획득한 것이며, 만약 그가 어떤 것을 마음먹은 대로 할 수 있다면 그에게 그것을 할 능력이 없었다고 말할 수 없기" 때문이다(같은 책, 162쪽). 여기와 또 다른 곳에서 에드워즈가 인용하는 예들은 '정신적 필연성'과 그에 대응하는 '정신적 무능력' 혹은 '정신적 불가능성'이, 좀더 깊은 의미에서 만약 그들이 선택했더라면 달리 행동할 수 있었던 사람들에게로 귀속되는 경우들이다. "명예로움과 정숙함을 가진 여인은 자신을 노예에게 매춘하는 것에 대해 정신적 무능력을 가질 것이다. 부모에 대한 효심과 사랑을 지닌 어린이는 그 아버지를 죽일 수 … 없을 것이다. 아주 음탕한

남자는 … 자신의 욕정 충족을 자제할 수 없을 것이다"(같은 책, 160쪽) 등이 그 예들이다.

이 절을 마무리하기 전에, 물리적 원인은 정신적 원인과 근본적으로 다르다는 점을 아는 사람들이 잘못을 범하기 쉬운 두 가지 흔한 방식을 지적해둘 필요가 있다. 첫째는, 어떤 사건이 물리적 원인이 아니라 정신적 원인을 가졌다고 말하는 누군가가 의미하는 것은 그 사건이 우연히 발생했다는 것이라고 주장하는 잘못이다. 그래서 일반 대중에게 널리 알려진 몇 안 되는 현대 철학자 중 한 사람이 쓴, 증쇄를 거듭한 한 논문에서 우리는 다음 구절을 읽는다.

내가 하는 대로 행동하기를 선택하는 것은 우연(accident)이거나 우연이 아니거나다. 만일 그것이 우연이라면, 내가 다른 것을 선택하지 않았다는 것은 단지 우연의 문제다. 그런데 내가 다른 것을 선택하지 않았다는 것이 단지 우연의 문제라면, 내가 한 것을 선택한 데 대한 책임을 나에게 묻는 것은 분명히 비합리적이다. 그러나 내가 다른 것이 아니라 이것을 하기로 선택한 것이 우연이 아니라면, 추측컨대 내 선택에 대한 어떤 인과적 설명이 있을 것이다. 그리고 그런 경우에 우리는 결정론으로 다시 돌아가게 된다(에이어 1966, 18쪽).

유명한 만큼이나 조잡하고 창피스런 이 논변은 이미 두 세기 반 전에 깨끗하게 무너진 바 있다 : "'우연(chance)'이라는 말은 늘 어떤 것이 아무런 설계(design) 없이 이루어짐을 의미한다. 우연과 설계는 서로 반대의 위치에 서 있으며, '우연'은 모든 설계의 원천이면서 자신이 선택하는 것은 무엇이든지 선택하기를 계획하는 의지의 행동들에 결코 적절히 적용될 수 없다 … "(왓츠[1723] 1811, Ⅵ, 268쪽). 이 멋진 인용은 여섯 권의 방대한 분량을 자랑하는 신학 박사 아이작 왓츠(Isaac Watts) 목사의 전집을 내가 직접 읽고서 발견한 것이 아님을 밝힌다. 그것은 에드워즈의 저술([1756] 1957, Ⅱ. 13, 271쪽)에서 빌려온 것으로, 그 자신은 왓츠의 주장을 받아들이는 것을 다소 꺼리는 것 같다.

두 번째 실수를 보여줄 수 있는 가장 좋은 방법은 베이지가 앞서 인용한 단락(25쪽)에 들어 있는 깜짝 놀랄 문장들을 반복하는 것이다. "행위자 원인을 일반적 인과와 구분 짓는 것은 두 개의 사건을 하나의 이야기 속에 담는 것이 가능하지 않으며, 두 사건 사이에는 어떤 법칙도 존재하지 않는다는 점이다. 그렇다면 행위자 원인에서는 아무것도 설명되는 것이 없다"(데이빗슨 1980, 53쪽). 베버(Max Weber)를 따라 우리가 이해 설명(verstehen explanations)[4]이라고 부르는 것에 대해서는 이 정도로 해두기로 하자. 그런데 데이빗슨에 의하면 이해 설명이 물리적 원인이 아닌 정신적 원인의 측면에서 이루어진 설명인 한, 그것은 전혀 설명이 아니다.

이것이 얼마나 터무니없는 자기 모순인지 알아보기 위하여, 스키너의 『자유와 존엄을 넘어서』를 다시 살펴보도록 하자. 인격화된 개념들, 특히 신학적인 개념이 물리학에서 추방된 이유는 그것들이 무생물에 적용될 수 없기 때문이 아니라 본질적으로 그것들이 미신이기 때문이라고 잘못 믿음으로써, 스키너는

---

4) 옮긴이 주 : 정신과학에서는, 자연과학과는 달리, '객관적 관찰'이 아닌 '이해'의 방법을 적용해야 한다는 주장에서 나온 용어임. 이해의 방법은 원래 딜타이(Dilthey)가 고안하였고, 이후 과학주의 및 실증주의에 대항해서 인간과 사회를 설명하는 유력한 개념으로 자리잡았다.

인간에 대한 학문에서조차 그와 같은 개념들이 들어설 여지가 없다고, 또 데이빗슨처럼 이러한 용어들을 사용하는 설명은 진정한 의미의 설명이 아니라고 주장하기에 이른다. 그래서 스키너는 "우리가 누군가에게 '극장에 왜 갔지'라고 묻고 그가 '가고 싶어서'라고 대답한다면, 우리는 그의 응답을 일종의 설명으로 받아들이는 경향이 있다"(1973, 12-13쪽)고 말한다. 사실 그렇다. 왜냐하면 '나는 극장에 가기를 원했다'는 말이 의문에 쌓인 이전의 행동을 충분히 설명해주기 때문이다. 물론 이런 식의 반응은 스키너와 일부 사람들이 꽤 합당하게 추궁하고 싶어할지도 모를 추가 질문들, 즉 어째서 나는 극장에 가고 싶다는 특정한 기호를 가지게 되었는가와 같은 질문에 대한 대답이 되기에는 한계가 있을 것이다.

그러나 이 모든 것이 정신적 원인의 관점에서 이루어진 모든 설명이 불합리함을 선언하는 데 충분한 이유가 되지 못함은 물론이다. 물리 과학의 편에 선 그런 제국주의적 선언은 이해 설명이 그것의 경쟁자들보다 우위를 점하고 있다는 점을 상기한다면 더욱 부당하고 편협해보일 것이 틀림없다. "아마도 어떤 관찰된 현상에 대한 가장 간결하고 심리학적으로 가장 만족스러운 설명은 누군가가 그것이 그런 식으로 일어나기를 원하였기 때문에 그것이 그런 식으로 일어났다는 것이다"(소웰 1980, 97쪽).

4. '필연성'의 의미와 무의미

조나단 에드워즈는 이미 우리들에게 필연성에 관한 두 가지 매우 적절하고 기본적인 사항을 설득력 있게 제시한 바 있다. 첫째, 흄과 반대로 에드워즈는 우리 모두가 아주 어린 시절부터 물리적 필연성을 경험하였으며 또 계속해서 경험하고 있다고 주장하였다. 둘째, 모든 사람의 의견에 맞서 그는 그 당시 정신적 필연성이라고 불리던 것이 사실은 어떤 종류의 필연성도 아니라고 주장하였다.

흄은 두 가지 이유에서 물리적 필연성을 부인하였다. 첫째, 그는 근본적으로 경험주의의 신봉자였다. 그는 누구든지 어떤 것 혹은 어떤 종류의 것이 다른 것 혹은 다른 종류의 것의 원인이 될 수 있다는 것을 선천적으로 알 수 있는지 증명하고 싶어했는데, 내가 보기에 그의 증명은 성공적인 것이었다. 실로 우리는 어떤 것 또는 모든 것에는 원인이 있어야 한다는 것을 선천적으로 알 수 없었다. 그래서 흄은 비언어적 세계 안에서 상이한 대상들 혹은 상이한 종류의 대상들을 서로 연결시키는 어떤 논리적 필연성을 우리가 결코 발견할 수 없다는 점을 증명해야만 했다. 둘째, 그에게는 피와 살을 가지고 물질 환경과 영향을 주고받는 인간에게 가능한 것이 아니라, 선천적으로 행동이 불가능한 모종의 비물질적 주체에게 접근 가능한 것만 경험으로 인정하는 데카르트적 책무가 있었다. (이러한 해석을 옹호한 사례로는 플루 1986을 참조하라.)

『인성론』은 때때로 흄의 『언어, 진리, 논리(*Language, Truth, and Logic*)』라고 호의적으로 묘사될 만큼 매우 젊은 사람의 작품이었다. 그 책에 나오는 '자유와 필연에 관하여'라는 절에서 그는 '자유에 대한 이론'을 '공상적'이라고 비난하면서 그것은 "어떤 의미에서는 … 엉터리이고, 다른 의미에서는 이해하기 어려운 것"이라고 말한다([1739] 1978, Ⅱ.ⅲ.1과 2, 404, 407쪽). 그의 추론 방식과 격렬함은 스키너에게 좋은 인상을 주고도 남음이 있을 것이다. 그러나 흄은 첫 번째 『탐구』[5]에서 앞의 것과 똑같이 '자유와 필연에 관하여'라는 제목을 단 절에서 '형이상학과 과학에 있어 가장 논쟁적인 질문'([1787] 1975, Ⅷ. ⅰ, 95쪽)에 대하여 '화해 프로젝트(reconciling project)'를 제시한다. 어조와 기질에서 나타나는 놀라운 차이에도 불구하고, 양자의 문제 처리 방식은 그 핵심에서는 매우 비슷하다.

두 책 모두에서 흄은 정신과학에서 뿐만 아니라 일상 생활 속에서도 가정되고 발견된다고 그가 주장하는 필연성 또는 추정된 필연성에서 출발한다. 비록 두 책 모두에서 자신에게 매우 중요한 문제의 결론이 갖는 신학적 함의를 결국 알아차리게 되지만 말이다. 두 책에서 흄은 자신이 기여한 바를 인과에 대한 탐구를 통해 밝혀진 필연적 결과로 보고 있다. 이는 그가 『인성론』 초록에서 "저자는 **필연성**을 새롭게 정의함으로써 이 추론이 논쟁 전체를 새롭게 조명할 수 있게 한다"([1740] 1978, 661쪽. 강조는 플루)고 자신의 업적을 소개한 데서 알 수 있다.

정녕 새로운 정의가 제시되었다! 그럼에도 불구하고 우리는 흄이 제시하고 있는 것이 사실은 '필연성'이란 말의 의미에 대한 어떤 새로운 설명이라기보다는, 오히려 종래에 이해된 것처럼 그 단어가 지시한다고 여겨지는 어떤 대상이 있다는 것을 부인하는 것이라고 아무리 자주 말해도 지나칠 것이 없다. 지속적이고 반복적인 이의 제기가 필요하다. 왜냐하면 흄 자신은 여기저기서 끊임없이 그 특정 단어 및 그것과 의미론적으로 수반된 다양한 말들을, 그가 공식적으로 제시하고자 하는 어떤

---

5) 옮긴이 주 : 『인간 지성에 대한 탐구』를 말한다. 흄은 이 책에 이어 『도덕 원리에 대한 탐구』도 저술하였다.

것보다도 훨씬 더 강한 의미에서 사용하고 있기 때문이다. 예를 들어 베이지가 『인성론』에서 인용한 구절(39쪽)을 다시 한 번 검토해보라.

그러나 흄이 인간 행동도 가차없이 동일한 필연성에 종속되어 있음을 증명하려 할 때 그가 실제로 시도하고 또 스스로 성공적으로 시도한다고 생각한 것은 훨씬 겸손한 것이다. 그것은 단지 어딜 보아도 보편적이고 신뢰할 수 있는 규칙들이 있을 뿐임을 주장하는 것이다. 그의 현실적이고도 겸손한 계획은 분명히 시도할 만한 가치가 충분히 있는 것이다. 너무나 많은 사람들이 인간 세계는 '어떤 일이든 지금 일어날 수 있고, 어떤 일도 앞으로 일어날 수 있는' 영화 「헬자포핀(Hellzapoppin)」의 세계와 같다고 주장하는 경향이 있어왔다. 정신과학과 사회 생활이 모두 가능하기 위해서는 실제 인간 행동에서 충분히 보편적인 규칙들이 존재한다는 점을 보여주는 것은 중요하다. 물론 완전히 진실하며 절대적으로 보편적인 일반화가 어디서나 발견된다는 것이 지금까지 증명되지 못했고 아마 그럴 수도 없겠지만 말이다. 나중에 우리가 전능(全能, omnipotence)에 대한 주장에서 제기된 까다로운 문제들과 단순한 전지(全知, mere omniscience)에서 나온 비교적 다루기 쉬운 난제들을 비교하려고 할 때 분명히 알게 될 테지만, 한편으로 미래의 모든 인간 행동은 늘 인과적으로 강제된 것이기 때문에 원칙적으로 예측 가능하다고 주장하는 것과, 다른 한편으로 행위자의 행동 그 자체는 반드시 물리적으로 강제될 수 없음에도 불구하고 미래의 인간 행동에 대한 지식을 가능케 하는 충분한 규율이 존재하며 또 앞으로도 존재할 것이라고 주장하는 것, 이 둘 사이에는 결정적으로 중요한 차이점이 있다.

『인성론』에서 흄은 '자유'의 두 가지 의미를 구분하는데, 그것은 "스콜라학파에서 일컫는 **자발성**의 자유(liberty of spontaneity)와 **무관심**의 자유(liberty of indifference) … 다시 말해 폭압에 대립하는 자유와 필연성과 원인의 부정을 의미하는 자유"([1739] 1978, II.iii.2, 407쪽)다. 『인간 지성에 대한 탐구』에서 논의된 화해는 자유를 이 두 가지 중에서 첫 번째 방식으로 해석한다. 이 점에서 흄은 홉스가 제시한 양립 가능론의 길을 따르고 있다. 홉스는 그의 책 『리바이어던』 제21장에서 다음과 같이 썼다 : "*Liberty* 또는 *freedom*은 반대의 부재를 의미한다. 반대란 운동에 따른 외부적 방해를 뜻한다." 자유를 이런 식으로 이해한다면 화해가 성립되기 위해선 '필연에 대한 새로운 정의'가 굳이 도입될 필요가 없을 것이다. 왜냐하면 흄 자신도 그렇게 말하고 있듯이, "이러한 가설적 자유는 사슬에 묶여 있거나 수감자가 아닌 모든 사람에게 속한다고 보편적으로 허용된 것"([1748] 1975, VIII.i, 95쪽)이기 때문이다.

여기서 그 '새로운 정의'가 필요한 이유는, 우리가 다행히 수감자나 사슬에 묶인 사람은 아니지만 여전히 행성이나 항성들과 똑같이 전적으로 물리적 강제에 묶여 있다는 제안에 대처하기 위해서다. 왜냐하면, 홉스가 꿰뚫어 보았듯이, 생명이 없는 물체는 이리저리로 움직이거나 움직이지 않는 것이 전적으로 물리적 원인에 의해서만 결정될 수 있음에도 불구하고, 기계적 작동에 따라 그야말로 이리저리로 자유롭게 움직인다고 말할 수 있기 때문이다. 여기서 이 문제를 잘 이해할 수 있다면 저 스콜라학파의 구분에 대해서도 좀더 많은 것을 말할 수 있을 것이다.

'자발성의 자유'는 어떤 사람이 원하는 일을 할 때 방해받지 않는 것이 관건인데, 여기에는 '원하다'는 말이 갖는 다른 의미에서, 우리가 행하기를 원치 않는 부적합한 의무들을 수행하는 것도 포함되어 있다는 점이 간과되어서는 안 된다(플루 1975, 51-52쪽). '무관심의 자유'는 물론 전통적으로 '필연성과 원인의 부정'이라고 정의되었지만, 적어도 이들 단어가 지니는 물리적 의미에서 그렇게 정의된 것은 — 물론 어느 정도 암시하기는 하지만 — 분명히 아니다. 핵심은 우리가 좀더 근본적인 의미라고 불러온, '달리 행동할 수 있는 능력(ability to do otherwise)'에 있었다. 그래서 스페인 예수회의 루이스 몰리나(Luis Molina)가 "행동을 위한 모든 조건이 주어졌을 때, 행동을 하고 안 하고는 행위자의 능력에 달려 있다"(케니 1975, 123쪽에서 인용)고 말했을 때 바로 이런 종류의 자유가 내포되어 있었던 것이다. 이것은 대체로 만족스런 설명이라고 볼 수 있다. 그러나 그것이 설명하는 것은 일상적인 의미의 '자유'라기보다는 자유로운 행위뿐만 아니라 행위 그 자체에게 본질적인, 달리 할 수 있는 능력이다.

이처럼 두 가지 표현에 대해 좀더 깊이 이해하게 되면, '무관심의 자유'는 '자발성의 자유'와 완전히 분리된 것이 아니라 오히려 그것이 전제하는 것처럼 보인다. 만약 우리가 앞에서 제시한 욕망에 대한 설명이 옳고, 또 만약 욕망이 그것이 유도하는 행동들을 강제하지 않는다면, 행위를 행위자가 지닌 동기의 관점에서 설명하는 것은 좀더 근본적인 의미에서 볼 때 행위자가 자신이 행한 것과는 다른 일을 할 수 있었다는 것을 전제함이 틀림없다. 이러한 관찰은 루터의 보름스 의회 소환 사건과 관련하여 '달리 어떻게 할 수 없었다'는 구절을 해석하는 과정에서 우리가 앞에서 제시한 주장, 즉 '그는 달리 어떻게 할 수 없었다'는 근본적으로 그가 달리 할 수 있었음을 전제한다는 주장과 어긋나지 않는다. 그러나 그것은 어떤 사람이나 사물이 물리적 장애물에 의해 운동을 방해받지 않는 한 제멋대로 움직일 수 있다는 것과 같은 의미에서 자유롭게 움직일 수 있다는 것과는 전혀 다른 것이다. 어쨌든 이것이 흄이 어떤 것과 화해를 시도한 유일한 종류의 자유다.

가장 중요한 것은 흄이 내세우는 '화해 프로젝트'가 모든 것을 총괄하는 물리적 필연성과 이런저런 일을 내키는 대로 행하는 행위자의 능력을 무리하게 융화시키는 불가능한 작업을 꾀하지 않는다는 점이다. 해결이 불가능한 이 문제를 흄이 붙들고 있을 리는 만무한데, 그 이유는 무엇보다 그는 두 관점 모두의 적법성을 의심하기 때문이고, 설사 적법하다 하더라도 그것들은 실제로 우주에 적용될 수 없다고 확신하였기 때문이다. 그는 『인성론』에 나오는 '필연적 연결의 관념에 대하여'라는 절의 말미에서 행위자의 힘에 대하여 다음과 같은 결론을 내린다 : "우리가 가끔 힘(power)과 힘의 행사 사이에 짓는 구분은 … 근거가 없는 것이다"([1739] 1978, I.iii.14, 171쪽). 이 모든 것은 『인간 지성에 대한 탐구』 제8절이, 부끄럽지만 젊은 시절의 나를 포함한 양립 가능론자들을 위한 근거 문서가 되었다는 사실을 주목하게 만든다.

흄이 한편으로는 행위자가 본인은 잘 모르지만 다른 일을 할 수 있는 능력을 보유하고 있다는 것과, 다른 한편으로는 인간사에서 수많은 규칙 — 필연성이라고 잘못 불린 — 이 존재한다는 것 사이에 성립 가능한 독특하면서도 필요한 화해를 위한 자료들을 분명히 제공하고 있다는 사실로써 이에 대한 부분적인 설명이 가능할 것이다. 이러한 화해는 우리가 인간 행동에 대해 어떤 합리적 예측을 하기 위해서, 또 자칭 정신과학자들이 '고상한 저술'(스키너 1973, 55쪽)에 내포되어 고이 간직된 인간의 본성에 대한 특징적인 진리들을 부정하는 일에 파멸적으로 헌신하는 것으로부터 구제되기 위해서 필요하다. 다행히 그것은 가능하다. 왜냐하면 흄이 우리에게 참으로 유익하게 상기시켜주듯이, 우리들 모두는 항상 이러한 예측들을 하고 있으며, 또 그것들의 정확성을 신뢰하고 있기 때문이다. 만약 우리가 이렇게 할 수 없다면, 만약에 우리가 아주 규칙적으로 정확하지 않다면, 타인들과 끊임없는 상호 작용 속에 이루어지는 삶은 불가능해질 것이다. 아마도 정신과학자들은 누구보다도 자주 필요에 봉착한 사람들이 어떤 의미에서 정말로 선택할 것인지를 예측할 수 있게 —그 중 일부는 이미 그런 능력을 이미 갖춘지도 모른다— 될지도 모른다. 그러나 이런 능력 자체가 이러한 선택들이 사실은 선택이 아니라는 것, 또 선택하는 사람이 다른 것을 선택할 수 없었다는 것을 보여주지는 못할 것이다. 왜냐하면 사람들이 실제로 이러 이러하게 행동할 것임을 아는 것과 그들이 외적 강제의 지배 아래 어쩔 수 없이 행동할 것임을 아는 것에는 엄연한 차이가 존재하기 때문이다.

이 결정적인 차이점은 르네상스의 인문주의자 로렌조 발라(Lorenzo Valla : 1405~1457)에 의해 신학적 맥락에서 매우 훌륭하게 드러난다. (교황청의 서기관으로서 콘스탄티누스 대제의 기부 증서6)가 위조 문서임을 처음으로 입증한 사람이 바로 그다!) 베일(Bayle)과 라이프니츠(Leibniz)의 영향을 받아 작성된 듯한 발라의 「자유 의지에 관한 대화」는 아마도, 우리 모두는 포퍼(Popper)가 '오이디푸스 효과(Oedipus Effect)'라고 명명한 것에 의해 오도되기 쉽다는 흄의 제안의 궁극적 원천이었을 것이다. 포퍼는 오이디푸스 효과를 "어떤 정보 사항이 그 정보가 언급하

---

6) 옮긴이 주 : 콘스탄티누스 I세가 기독교도로 개종했을 때 감사의 뜻으로 교황에게 광범한 특권과 막대한 재산을 기부한 것처럼 작성된 8세기 중기 무렵의 문서.

고 있는 상황에 미치는 영향"이라고 정의한다(포퍼 1957, 13쪽 ; 그리고 흄[1748] 1975, 96쪽을 비교해보라).

여기서 생길 수 있는 유혹은, 어떤 사람이 그가 어떤 행동을 할 것이라고 전해듣고서 그 예언이 빗나가게 행동하는 식으로 반응할 수 있다는 사실을, 인간 행위에 대한 예지(豫知, foreknowledge)가 원칙적으로 불가능하다는 것에 대한 증거라고 착각하는 것이다. 그것이 보여주는 것은 다만, 앞으로 예언자들은 다음의 문제에 대해서, 즉 그들의 예언이 그 예언의 종속자들에게 — 혹은 대상들에게 — 전달되지 않게 할 것인지, 아니면 그들 자신이 예언의 전달과 관련해서 예언 종속자들의 — 혹은 대상들의 — 가능한 반응들을 사전에 충분히 고려할 것인지에 대해서 신경을 써야 한다는 점이다. 발라의 유쾌한 대화는 지금 우리의 논의에 기여하기를 갈망하는 사람이면 누구나 읽어야 할 도서 목록에 올릴 가치가 있을 정도의 우아함을 지니고 있는데, 그것은 전형적인 인문주의자로서 그가 구사하는 다음의 방책에서 가장 잘 드러나 있다.

… 신의 지혜가 그의 힘과 의지로부터 분리될 수 없을지라도, 나는 쥬피터와 아폴로의 간계에 힘입어 그것들을 분리시킬 수 있다. 하나의 신에 의해 성취될 수 없는 것은 각기 고유한 힘 — 인간의 성품을 창조하는 힘과 알 수 있는 힘 — 을 가진 두 신에 의해서 성취될 수 있기 때문에, 예지는 필연성의 원인이 아니고 이 모든 것은 그것이 무엇이든지 간에 신의 의지에 기인함이 틀림없는 것 같다(발라[1405-1457] 1968, 174쪽).

논리적 필연성과 물리적 필연성이 지니는 상이한 본성을 올바로 인식하거나 양자의 상이한 소재를 정확하고 체계적으로 구분하는 데 실패함으로써 지금 논의되고 있는 주제에 엄청난 혼란이 초래되고 말았다. 이것을 가려내는 가장 좋은 방법은 아리스토텔레스의『해석론(*de Interpretatione*)』제9장에 처음으로 등장하는 해전(海戰)의 문제(The Problem of the Seafight)를 검토하는 것이다. (내일 해전이 일어나든지 일어나지 않든지 둘 중 하나라는 항진 명제로부터 실제로 일어날 일은 무슨 일이든지 필연적으로 혹은 불가피하게 일어난다는 것이 도출된다고 주장되었다.) 유능하고 심지어 위대한 과거 철학자와 신학자들 중 상당수가 이 문제로 인하여 심각한 고민에 빠졌다는 사실은, 지금은 너무나 명백해진 문제의 기초에 숙달하는 것이 처음에는 얼마나 어려웠는지를 잘 보여준다. 좀더 근대적인 학파에서 훈련받은 혜택을 누리고 있는 일부 현대 철학자들이 이러한 기초를 저 고색창연한 문제에 의해 제기된 논점들에 적용하지 못하는 데 대해 변명하거나 설명하는 것도 그리 쉬운 일이 아니다.

그것을 아리스토텔레스는 그 자신은 거부하였지만 운명론(fatalism)을 옹호하는 논변으로 제시하였다. 이때 운명론이란 일어날 일은 당연히 일어나며 누군가가 그것이 일어나는 것을 막는다거나 막기 위해 애쓰는 것과 무관하게 반드시 일어나도록 결정되어 있다는 신조를 말한다. 라이프니츠(Gottfried Leibniz : 1646~1717)와 그의 동시대인들에게 '게으른 궤변(The Lazy Sophism)'으로 알려진 이 논변은 근래에 와서는 도리스 데이(Doris Day)가 자신이 출연한 영화 중 하나에서 부른 노래인「케세라 세라(될 대로 되어라)」로 널리 알려지게 되었다.

이런 식의 논변(argument)은 어떤 것이든지 오류를 범하고 있음이 틀림없다. 왜냐하면, 그것이 마음에 드는 결론에 대한 단순히 반복된 주장이 아니고 하나의 논변인 한, 그것은 언제나 항진(恒眞) 전제, 즉 논리학에서 말하는 필연적 진리로부터 출발하기 때문이다. 기호논리학의 기법을 이용하여 설명하자면, 이 전제는 모든 X의 값에 대하여, 'X가 일어날 것이다'로부터 'X가 일어날 것이다'가 필연적으로 따라나온다는 논란의 여지도 없이 진부한 이치에 불과하다. 너무나도 뻔한 이러한 전제로부터는 중요하거나 논쟁의 소지가 있는 어떤 결론도 타당하게 도출될 수가 없다. 왜냐하면 타당한 연역 논변의 결론은 항상 그것의 전제 속에 이미 들어 있기 때문이다. 다시 말해 이러한 논변은, 우리가 스스로 모순을 범하지 않는 한 하나의 전제나 여러 전제를 주장하면서 동시에 그에 따른 결론을 부정할 수 없는 논변으로 정의되기 때문이다. 이 모든 것을 올바로 파악할 수 있다면, 그 오류가 작동할 수 있는 근거가 무엇인지 가려내는 일은 어렵지 않다. (만약 여기서 누군가가 끼여들어, 단순히 기호를 도입함으로써 새로운 전환을 꾀하는 것은 별로 중요한 기여가 되지 못한다고 항의한다면, 최선의 대답은 먼저 그 사람에게 약간의 문제를 풀어보게 하는 것이다. 그 문제란 우선 아라비아 숫자가 아닌 로마 숫자로 몇 가지 계산을 한 다음에, 그것을 베르셀리우스(Baron Berzelius)[7]가 새로이 고안한 표준 기호를 사용하지 않고 순전히 일상적 낱말들로만 이루어진 화학적 논변으로 계속 발전시키게 하는 것이다.)

그 오류의 작동 원리는 다음과 같이 교묘하고도 재빠른 움직임으로 이루어진다. 우선 동사 '따른다'를 수식하는 부사 '필연적으로'를 그것이 원래 있던 곳에서 제거한 후, 그것을 결론 속에

---

7) 옮긴이 주 : 스웨덴의 화학자(1779~1848). 분자의 조성을 머리글자와 숫자로 표시하는 표기법을 제안하여 근대화학 표기법의 기초를 다졌다.

집어넣어 아무런 합리적 보장도 없는 'X가 필연적으로 일어날 것이다'라는 전혀 다른 문장이 이루어지도록 한 다음, 마지막으로 그 부사의 새로운 위치 선정이 매우 적절한 점을 이용해서 그것이 논리적 필연성이 아닌 물리적 필연성을 지칭한다고 해석한다.

물리적 필연성과 물리적 불가능성의 본성 및 소재를 해명하는 작업은 이미 많이 이루어진 바가 있다. 이제 우리는 비슷한 작업을 논리적 필연성과 논리적 불가능성에 대하여 실시하여야 한다. 흄이 불완전하고 다소 어렴풋이 파악하였듯이, 논리적 필연성과 논리적 불가능성은 물리적 세계에 속하는 것이 아니라 언어적 담론의 세계에 속하는 것이다. 따라서 두 개념을 상호 보완적으로 뒤섞어서 정의하면 자기 모순에 빠지게 된다. 따라서 지금까지 종종 그래왔듯이 논리적 불가능성을, 저울의 눈금자를 물리적 불가능성과 공유하고 그 중간에서 서로가 만나는 식으로 생각하는 것은 잘못이다. 논리적으로 불가능한 것은 심지어 전능한 자질마저도 초월하는 반면에 물리적으로 불가능한 것은 오직 생멸하는 존재들에게만 해당된다고 생각하는 것은 틀렸다.

어떤 제안이 자기 모순을 함유 혹은 함의하거나 아니면 좀 다른 방식으로 앞뒤가 불일치하여 전혀 납득이 되지 않을 때 우리는 그 제안이 논리적 불가능성을 내포하고 있다고 말하고, 반면에 자기 모순을 내포하거나 함의하는 어떤 제안을 부정할 때 우리가 논리적 필연성을 언급하는 것은 사실이다. 따라서 모든 X의 값에 대하여, 'X가 일어날 것이다'는 'X가 일어날 것이다'를 함의한다는 것은 논리적 필연성의 문제다. 이와 대조적으로, 역행 인과(backward causation)는 논리적으로 불가능하다. 왜냐하면 그것은 (이미) 일어나지 않은 어떤 일을 (이미) 일어나게 만들거나, 혹은 어떤 일이 (이미) 실제로 일어났음에도 불구하고 그것이 일어나지 않은 것으로 만들 수 있는 가능성을 요구하기 때문이다. 이에 대해 토마스 아퀴나스(St Thomas Aquinas : 1225∼1276)는 『신학대전(*Summa Theologica*)』에서 특유의 간결함과 정확함으로 다음과 같이 쓰고 있다 : "모순을 수반하지 않는 것은 무엇이든지, 결과적으로 신이 그 덕분에 전능한 자로 기술되는 여러 가능성 가운데 있다. 그러나 모순을 분명히 수반하는 것은 신의 전능에 속하지 않는다 …"(1926, I. Q25, A3). '신'이라는 단어를 문법적인 주어의 자리에 무작정 데려온다고 해서 앞뒤가 맞지 않는 몇몇 단어들의 혼합이 유의미한 것으로 바뀔 수는 없다고 그가 말했더라면 훨씬 더 좋았을 것이다.

앞 단락에 대한 요약 설명이 필요했던 사람들은 아마 이제는 '게으른 궤변'의 홉스 식 변형을 두고 그들이 닦은 솜씨를 시험할 수 있을 것이다. 홉스는 저 논변이 운명론이 아닌 "모든 사건에는 필연적 원인이 있다"(1839-1845, IV, 276쪽)는 일종의 결정론에 대한 타당한 증명으로 받아들였다. 그의 견해는 「자유와 필연」이라는 소논문에서 찾을 수 있다. (그런데 이 소논문의 부제는, 비록 그것이 출판사가 홉스 대신에 불법으로 붙인 것으로 보이지만, 그냥 지나치기에는 너무 멋진 것이다 : "예정, 신의 선택, 자유 의지, 은총, 공덕, 정죄 등에 대한 모든 논란이 충분히 결정되고 명백해진 논문.") 홉스는 영국인이었기에 날씨는 끊임없이 관심을 끄는 주제였다. 그래서 그는 다음과 같이 썼다 : "내일 비가 오든지 오지 않든지는 필연적 사실이다. 그러므로 만약 내일 비가 오는 것이 필연적이지 않다면, 내일 비가 오지 않는 것은 필연적이다. 만약 그렇지 않다면 '내일 비가 오거나 비가 오지 않거나다'라는 명제가 참이 된다는 것은 필연성이 없을 것이다.

저 둘 중 하나가 발생할 것이지만, 비가 오거나 비가 오지 않는다는 것이 단독으로 발생하지는 않는다는 것은 필연적인 참일지도 모른다고 말하는 사람들이 있다는 걸 나는 알고 있다. 이것은 그 둘 중 하나가 필연적이고 동시에 둘 중 어느 쪽도 필연적이 아니라고 말하는 것과 같다"(IV, 277쪽).

이 논의는 두 개의 또 다르지만 역시 근본적인 개념, 즉 진리와 지식의 도입으로 인해 복잡해지는 경우가 종종 있다. 이들 개념을 필요로 하는 추가 논변은 첫째, 만약 'X가 일어날 것이다'가 참이라면 그 명제가 지금 참되게 진술될 수 있기 위한 어떤 상응하는 불변적 사실이 이미 존재해야 한다는 것이고, 둘째, 만약 미래에 일어날 일에 대한 지식이 지금 있다면, 그 현재의 지식은 현재에 존재하면서 ─ 그 지식이 참으로 확실하기 위해선 ─ 동시에 불변적인 어떤 대상을 가져야만 한다는 것이다. 이것이 바로 '미래 사건에 대한 우연적 명제의 문제(Problem of Future Contingents)'라고 불리는 것으로서, 이는 미래에 대한 참된 명제, 즉 논리적으로 필연적인 명제에 대응하는 논리적으로 우연적인 명제가 있는지 혹은 있을 수 있는지에 대한 문제다. (우연적 명제란 어떤 명제를 부정해도 모순이 발생하지 않는 경우를 말한다.) 논리학이 다루는 진리는 특정한 시간에 일어나는 일들에 관한 진리가 아닌 초시간적 진리이므로, 이 문제와 병행하는 '미래 사건에 대한 필연적 명제의 문제(Problem of Future Necessaries)'는 있지도 않고 있을 수도 없다.

철학사에 등장한 가장 위대한 몇몇 인물들 ─ 아리스토텔레스에서 오컴(William of Ockham : 1285~1349)을 거쳐 그 이후에 이르기까지 ─ 은 이 문제로 인하여 골머리를 앓았으며, 종종 역설적인 난관에 봉착하였다. 하지만 결국 누군가가 그 난관 너머를 꿰뚫어보았고, 이제 그들보다 더 많은 것을 알게 된 우리는 만족스런 해결을 향한 길을 헤쳐갈 수 있게 되었다. 앞에서 이미 난관이 생긴 여러 원인들을 살펴보았는데, 가장 중요한 원인을 꼽으라면 경험적 지식 그리고 이에 수반된 경험적 진리에 대한 잘못된 모델을 지적할 수 있다. 이 잘못된 모델은 플라톤이 인식 기능들의 등급을 설명하는 『국가』(509d 이하)에서 맨 먼저 발견할 수 있다. 거기서 인식(cognition)은 지각(perception)의 모델에 의거해서 분석되었다. 즉, 시각과 후각 그리고 청각이 보이는 것, 냄새나는 것 그리고 소리나는 것에서 각각 그들의 대상을 확보하듯이, 지식과 믿음 그리고 억견도 모두 그것들에 대응하는 상이한 종류의 대상을 확보해야만 한다는 것이다.

플라톤 자신은 시도하지 않았지만, 여기서 두 번째 결과가 따라나온다. '갑돌이는 지금 X를 보거나 지각할 수 있다'로부터 'X는 지금 보이는 것으로 주어져 있거나 지각될 수 있는 것으로 주어져 있다'가 뒤따르기 때문이다. 지각의 모델을 사용하는 사람은 시간적 사실에 대한 모든 지식이 그 지식 행위와 함께 발생하는 사건에만 국한된다고 추론하기 마련이다. (초심리학에 관심을 가진 많은 철학자들이 과학적 지식으로 설명할 수 없는 예견의 발생이 미래가 이미 여기에 있음을 보여주는 것이라고 오도되어온 것은 그들이 이처럼 잘못된 모델을 사용하고, 또 그로부터 타당한 추론을 전개해왔기 때문이다. 예컨대, 폴 에드워즈(Paul Edwards)가 자신이 편집 책임을 맡은 철학 백과 사전에 기고한 글 「예견」(에드워즈 1967)을 보라).

그러나 만약 지각 모델이 옳은 것이라면, 우리는 우리가 현재 지각할 수 있는 범위를 넘어서는 것에 대한 지식은 전혀 불가능하다고 추론해야 할 것이다. 그래서 우리가 이 터무니없는 결론을 고이 간직할 준비가 되어 있지 않다면, 우리는 저 모델을 버려야만 한다. 이제 온갖 관행과 경험에 역행하여 현재의 지식은 현재 사실에만 국한된다고 주장할 어떤 근거도 우리에게 남아 있지 않다.

경험적 진리를 항상 참된 명제와 그것이 주장하는 사실과의 대응에서 성립되는 것으로 잘못 해석하는 한, 이러한 대응은 항상 변함없이 현존하는 사실들에만 적용될 수 있다고 주장하는 잘못된 유혹에 빠지기 쉽다.

진리를 이해하는 것과 관련하여 한 가지 더 지적해두어야 할 것은 "X가 **일어날 것임은 참이다**(It is true that x *will happen*)"에서 '이다(is)'는 초시간적인 것이고, 또 초시간적인 것이어야 한다는 사실이다. 이상적으로 볼 때, 모든 시간적 지시 대상들은(temporal reference)은 명제들 자체에 이미 내장되어 있어야 한다. 그리하여 이들 지시 대상은 영원히 참된 것이 될 수 있다. 혹은 영원히 거짓된 것이 될 수도 있다. 칸트(Kant ; 1724~1804)가 명증적 단어들 혹은 표현들 — (논리적으로) '필연적인' 및 (논리적으로) '불가능한'과 같은 단어나 표현들 — 이라고 즐겨 부른 것들은 모두 명제들 사이의 논리적 관계를 나타내는 진술에 속하는 것들이다. 그러나 이미 일어난 사건들과 지금 일어나고 있는 사건들, 그리고 앞으로 일어날 사건들의 날짜들은 사건 발생에 대한 구체적 진술들의 본질적 요소로 들어가 있다.

물론 "노동당이 전체주의 국가들에 대해 확고한 반대를, 나토 국가들에 대해서는 전폭적인 지지를 표명한다는 말은 이제 더 이상 참이 아닌 것 같다"와 같은 문장들은 흠잡을 데 없이 정확한 관용적 표현이고, 또 앞으로도 그럴 것이다. 그러나 철학자들이나 평범한 사람들이라도 철학을 하는 동안은 조심할 필요가 있다. 왜냐하면 그러한 관용구로 인해 우리가 똑같은 하나의 명제가 상이한 시간에 따라 참일 수도 있고 거짓일 수도 있다고 잘못 생각할 수 있음을 오랜 경험이 입증해주고 있기 때문이다. 그럼에도 불구하고 정 그것을 믿고 싶다면, 설사 미래의 인간 행동에 대한 명제가 참일 수 있고 또 참이라는 것이 알려질 수 있을지라도, 미래에 행동하는 사람들이 (때로) 행위자(agents)가 되어서, 좀더 깊은 의미에서, 그들이 하기로 한 일 이외 다른 것도 할 수 있다는 점이 참일 수 있고 또 참이라는 것이 알려질 수는 없다는 것은 알아야 할 것이다.

5. 양립 가능론과 신앙

이제 나는 유대교, 기독교, 이슬람교의 공통점인 모세 유신론(Mosaic theism)의 여러 주장들을 검토하는 사람들이 부닥치게 되는 행위와 필연의 문제를 논의하고자 한다. 앞 절에서 분명히 밝혀진 것은, 첫째, 신은 모든 인간 행위자가 실제로 무엇을 할 것인가를 항상 알고 있다는 주장과, 둘째, 우리가 한 행동들은 우리의 것이고, 그것들 이외 다른 행동도 가능했었다는 점, 그리고 그 행동들은 결국 우리들 각자의 판단에 따른 것이라는 주장 사이에는 아무런 필연적 양립 불가능성(necessary incompatibility)이 없다는 것이었다. 만일 여기에 양립 불가능성이 있다면 그것은, 발라가 주장하였듯이, 신의 (전지함이 아니라) 전능함과 방금 언급한 둘째 주장 (전부 또는 일부) 사이에 있어야 할 것이다. 밀턴(Milton)처럼 '인간에게로 향하는 신의 길에 정당성을 부여하기'

위해서는 유신론적 철학자는 두말할 나위 없이 양립 가능론자가 되어야만 한다. 설사 그가 이것을 성취하기 위해서 루터와 같이 모든 이성적 추리를 거역하는 신앙에 호소해야 할지라도 말이다.

이렇게 본다면 제1절에서 언급하였듯이, '예정(predestination)'을 예지(foreknowledge)만을 수반하는 것으로 정의한 것은 아둔하고 무지한 것이었다. 신이 인간의 역사 속에 작용하고 있지만 정작 그 자신은 '시간 밖에' 있으며, 그렇기 때문에 예지나 뒤늦은 지혜(hindsight)를 그 신에 귀속시키는 것은 옳지 못하다고 주장하는 유신론자들에 의해 제기된 반론은 별도로 하더라도, 그와 같은 정의는 '태초에' 모세의 신이 우주를 창조한 후에 그것이 독자적으로 운행하도록 — 항상 엄밀하게 계획에 따르는 것이긴 하지만 — 했다는 제안에서 알 수 있듯이 유신론(theism)이라기보다는 차라리 이신론(理神論, deism)에 더 가깝다. 모세 유신론을 이신론과 구분짓는 결정적 차이점은, 신이 '태초에' 우주를 창조하였을 뿐 아니라 모든 창조의 궁극적이고도 지속적인 원인으로 언제까지나 남아 있다는 유신론자들의 주장이다. 1940년대 캔터베리 주교였던 윌리엄 템플(William Temple)의 말에 따르면, 그와 같은 영속적인 지지가 없다면 만물과 만인들은 "비존재로 전락할 것이다." 혹은, 미국의 가스펠 싱어 마할리아 잭슨(Mahalia Jackson)이 읊조린 것처럼, "온 세계는 신의 손 안에 있다."

일단 이런 메시지를 전적으로 그리고 깊이 받아들이면 저 평범한 그림은 매우 부적절하다는 것이 명백해진다. 창조자 대 피조물의 관계를 훌륭한 아버지 대 탕자 또는 빚쟁이 딸의 관계로 비교하는 것은 도무지 어울리지 않는다. 왜냐하면, 특히 자녀들이 성장했을 때, 아버지는 오직 자녀들 스스로 행동의 이유라고 파악하고 선택한 바를 통해서만 그들의 행동을 지도할 수 있기 때문이다. 피조물의 창조자에 대한 항구적이고도 총체적인, 그러면서도 전모를 잘 알 수 없는 의존 관계를 밝히기 위해서는, 문제의 특성을 감안할 때, 어떠한 세속적인 유추도 완전히 적합하지는 못할 것이다. 그래도 그 중에서 가장 덜 미숙한 것을 꼽는다면 아마도 피험자들이 잘 감지되지는 않지만 억누를 수 없는 최면 후(post-hypnotic) 암시에 반드시 걸리게 하는 '위대한 조작자 겸 최면술사'의 경우를 들 수 있겠다.

가령 토마스 아퀴나스가 명쾌하고 평범한 필치로 유신론의 직접적인 함의를 지적한 『반이교도 대전(*Summa contra Gentiles*)』([1225-1274] 1955)의 두 구절을 생각해보라.

> … 신은 사물들이 처음 시작하였을 때 그들에게 존재를 주었을 뿐만 아니라, 또한 — 존재의 보존 원인으로서 — 그들이 존속하는 한 그들 존재의 원인이 되기까지 한 것처럼 … 그는 사물들이 처음 창조되었을 때 그들이 작동하는 힘을 주었을 뿐만 아니라, 항상 사물들 안에서 이 힘의 원인이 되기도 한다. 따라서 만일 이러한 신적 영향력이 정지하면 모든 작동도 정지할 것이다. 그러므로 어떤 것의 모든 작동은 그에게서 그 원인이 유래한다(Ⅲ, 67쪽).

이 구절의 내용은 뒤이어 나오는 두 개 장에서 좀더 자세히 다루어진다.

> 오직 신만이 행위자로서 폭력을 쓰지 않고 의지를 움직일 수 있다. … 어떻게 신이 의지의 자유를 손상시키지 않고 우리 안에서 우리 의지의 운동을 일으킬 수 있는지 이해하지 못하는 … 일부 사람들은

… 권위 있는 문헌들을 그릇되게 … 설명하려고 애썼다. 즉, 신이 '바라고 성취하기 위하여 우리 안에서 활동한다'는 말이 그가 우리 안에서 의지 작용의 힘을 일으키되 그가 우리로 하여금 이것 또는 저것을 의지하도록 만드는 것과는 다른 방식으로 일으킴을 뜻한다고 그들은 말할 것이다. … 물론 이런 사람들은 성서의 권위 있는 텍스트들과 분명히 대립된다. 왜냐하면 『이사야서』(xxvi, 2)에서 "주여, 당신은 우리 안에서 우리의 모든 일을 하셨나이다"라고 말하고 있기 때문이다. 그래서 우리는 신으로부터 의지 작용의 힘뿐만 아니라 그것의 사용 또한 받는다(Ⅲ, 88-89쪽).

『신약성경』의 계시가 이 문제에 대하여 좀더 관대한 입장을 취한다고 주장하는 사람들이 생기지 않도록 하려면, 사도 바울이 동일한 예언적 주제에 관하여 상술하고 있는 구절을 생각해 보면 된다. 『로마서』(9 : 18-23)에서 우리는 다음과 같은 구절을 읽을 수 있다.

이렇게 하느님께서는 당신의 뜻대로 어떤 사람에게는 자비를 베푸시고 또 어떤 사람은 완고하게도 하십니다. "그렇다면 어찌하여 하느님께서 사람을 책망하십니까? 누가 능히 하느님의 뜻을 거역할 수 있겠습니까?"라고 말할 사람이 있을 것입니다. 그러나 사람이 무엇이기에 감히 하느님께 따지고 드는 것입니까? 만들어진 물건이 만든 사람한테 "왜 나를 이렇게 만들었소?" 하고 말할 수 있겠습니까? 옹기장이가 같은 진흙덩이를 가지고 하나는 귀하게 쓸 그릇을 만들고 하나는 천하게 쓸 그릇을 만들어낼 권리가 없겠습니까? 하느님께서는 당신의 진노와 권능을 나타내시기를 원하시면서도 당장 부수어버려야 할 진노의 그릇을 부수지 않으시고 오랫동안 참아주셨습니다. 그것은 하느님께서 자비의 그릇에 베푸실 당신의 영광이 얼마나 풍성한지를 보여주시려는 것이었습니다. 그 자비의 그릇은 후에 영광을 주시려고 하느님께서 미리 만드신 것인데 그 자비의 그릇은 바로 우리들입니다(『성경』 참조를 더 원하면 에드워즈[1756] 1957을 참조하라).

아인슈타인의 대단히 절제된 의견은 인간적 공감과 깊은 통찰력의 전형이다. 모세적 관점에서 볼 때 아인슈타인은 분명히 무신론자였다. 그가 언젠가 전신기(電信機)를 이용한 질문에 대한 응답에서 자신이 스피노자(Spinoza)가 말하는 신을 믿는다고 단언하였다는 것은 누구나 다 아는 사실이다. 스피노자 자신은 언제나 '신과 자연'을 동일한 것으로 말하였기 때문이다. 아인슈타인이 "신은 주사위 놀이를 하지 않는다!"고 주장한 것은, 그가 아브라함과 이삭과 이스라엘의 하느님을 도박 혐의로부터 옹호하기 위해서가 아니라, 양자 역학에 의해 제시된 세계상에 대해 항의하기 위함이었다. 그가 실제로 유신론에 대해 내린 평가는 다음과 같다.

전능하고 정의롭고 공정한 인격적 신이 존재한다는 관념이 인간에게 위로와 도움과 길잡이가 되어줄 수 있을 것이라는 점은 분명히 아무도 부인하지 않을 것이다. … 그러나 반대로 이 관념 자체에는 결정적인 약점이 따라다니는데, 그것은 태초부터 고통스럽게 느껴져 왔던 것이다. … 만일 이 존재가 전능하다면, 인간의 모든 행동, 인간의 모든 사고, 인간의 모든 감정 및 열망을 포함한 모든 일들은 또한 그의 작품이다. 어떻게 그와 같은 전능한 존재를 앞에 두고서 인간에게 그들의 행위와 사고에 대해 책임을 묻는 것을 생각할 수 있단 말인가? 벌과 상을 자유롭게 내리면서 그는 … 그 자신에 대한 판단은 지나쳐버릴 것이다(아인슈타인 1950, 26-27쪽).

남보다 많이 배워서 자신의 지식을 사람들에게 가르쳐서 먹고사는 사람들조차도 예정설의 무서운 가혹성 — 신이 인간들로 하여금 나중에 그것을 했다는 이유로 저주할 행동을 하게 만든다는 불가피한 함의를 가진 — 은 급진적 칼빈주의자들(Calvinist ultras)에게서만 찾아볼 수 있는 모종의 기이함이라고 생각해왔다. 이것은 아주 잘못된 생각이다. 실제로 최상급 지식인들에게 차이점은 주장하는 이론의 내용보다는 표현의 힘과 솔직함에 있다. 일단 항구적이고 총체적인 의존으로서의 유신론적 창조 이론이 진지하게 받아들여지면, 달리 어떻게 될 수 있겠는가?

　　물론 거의 모든 사람들이 알고 있듯이, 칼빈은 신이 다른 모든 것과 함께 인간이 범하는 죄악의 최종적 창조자임이 틀림없다고 주장하는 데 전혀 거리낌이 없었다 : "누가 그것을 신이 의도하였다고 말할 때 어떤 사람들의 귀는 불쾌하다. 그러나 나는 당신에게 묻는다. 죄를 금지할 권리를 가진, 혹은 모든 것을 좌지우지할 수 있는 그가 죄를 허용하는 것은 의지의 행위가 아니라면 무엇이란 말인가?"(라이프니츠[1710] 1951, 222쪽에서 인용. 내가 여기서 칼빈의 말을 2차 문헌을 통해 간접 인용하는 이유는, 이 문헌이 그 자체로 고전인데다가 또 이러한 칼빈주의적 결론에 대한 명료한 진술이자 동시에 그 결론을 피하기 위한 필사적인 시도에 대한 훌륭한 개요이기도 하기 때문이다).

　　그런데 여러분은 이와 본질상 동일한 내용을 다른 많은 자료들, 아마도 더 놀랄 만한 자료들 속에서 발견할 수 있을 것이다. 적어도 그 조직의 현재 사정을 잘 알고 있는 사람들에게 가장 놀랄 만한 자료는 '영국 교회의 신조(Doctrine in the Church of England)'에 관한 1922년 위원회의 보고서일 것이다. 이 보고서는 "사건의 모든 과정은 신의 통제 아래 있다. … 논리적으로 이것은, 어떤 사건도, 심지어 죄에 기인하며 따라서 신의 의지에 역행하는 사건을 포함한 일체 사건의 어떤 양상도 신의 의도적인 활동 범위를 벗어나지 않는다는 것에 대한 확인을 의미한다"(47쪽)고 인정하였다.

아퀴나스의 『신학대전(*Summa Theologica*)』은 '예정'에 관한 질문을 포함하고 있는데, 천사 박사(Angelic Doctor : 토마스 아퀴나스를 지칭) 자신은 그것을 다음과 같이 규정한다 : "인간이 영생을 누리도록 운명지어진 것은 신의 섭리를 통해서이기 때문에, 어떤 사람들을 그러한 목적에서 멀어지도록 허용하는 것도 마찬가지로 그 섭리의 일부다. … 이것을 영벌(reprobation)이라고 한다. 영벌은 예지뿐만 아니라 더 많은 무언가를 암시한다." 이러한 전제는 아퀴나스로 하여금 신이 죄악의 원인이라는 결론을 요구함에도 불구하고, 그 자신은 정작 이것을 회피한다. 그러나 그는 설사 영벌이 "지금 존재하는 것, 즉 죄악의 원인이 아니라 할지라도, 그것이 신으로부터 버림받음의 원인이라는 점"은 인정해야만 한다. "그것은 미래에 정해진 것, 즉 영원한 형벌의 원인이다"(I.xxiii.3).

이것이 창조자가 그의 피조물들로 하여금 그들의 한 일에 대해 책임지도록 공정히 붙들고 있다는 양립 가능론적 결론에 대한 천사 박사의 최선의 합리적 옹호라면, 이제는 루터(Martin Luther : 1483~1546)가 선호했던 대안을 살펴볼 차례다. 루터가 『노예의지론(*de Servo Arbitrio*)』의 저자며 성 어거스틴이 『자유의지론(*de Libero Arbitrio*)』의 저자라는 것은 알면서도 루터가 어거스틴파 신부였다는 사실은 모르는 일부 사람들은 두 사람의 이론이 그들의 책제목처럼 대조적이라고 잘못 추정해왔다. 우리는 그 종교개혁가가 다음과 같이 말한 것을 알게 될 때, 위와 같은 추정이 잘못이라는 의심을 하기 시작한다 : "이제, 나에게 '필연적으로'라는 말은 '강제적으로(compulsorily)'를 의미하지 않는다. … 신의 영(Spirit of God)이 없는 인간은, 자신의 의지에 반하여 처벌받으러 끌려가는 도둑이나 노상 강도처럼 목덜미가 잡혀 끌려간다 할지라도, 그의 의지에 반하여 압박 하에서 악을 행하지 않는다. 그는 자발적으로 자청해서 그렇게 하는 것이다" ([1525] 1969, 139쪽).

물론 강제적이지 않게. 왜냐하면 루터가 의미한 필연성은 창조자가 총체적이고도 부단하게 행사하는 교묘한 조작의 힘에 의해 부과된 필연성이기 때문이다. 하지만 그것과 인간 개인의 책임을 화해시키는 것은 정녕 모든 이성적 능력을 뛰어넘는 것임이 틀림없다. 그래서 루터는 대안을 제시한다.

최고 수준의 신앙은, 비록 신이 그 자신의 의지로 우리를 저주의 종속자로 만들고, (에라스무스의 말대로 하자면) '불쌍한 사람들의 고통을 즐기고, 사랑보다는 미움의 대상이라 함이 더 적합한 것처럼 보이게' 할지라도, 신이 정의롭다고 믿는 것이다. 만일 내가 어떻게 해서라도 어째서 이 똑같은 신이 … 여전히 자비롭고 정의로운가를 이해할 수 있다면, 신앙이란 필요 없을 것이다(같은 책, 138쪽 ; 흄 [1748] 1975, Ⅷ.ⅱ ; 그리고 쇼펜하우어[1841] 1960, Ⅳ와 비교 대조해 보라).

나중에 루터는 스스로 다음과 같은 질문을 던진다. "그렇다면 왜 신은 당신이 작동시키는 악한 의지들을 바꾸지 않는단 말인가?" 에라스무스(Erasmus)가 이 질문에 아무 만족스런 답을 받지 못하리란 것은 이해하고도 남음이 있다.

우리가 할 일은 이러한 불가사의를 캐묻고자 하는 것이 아니라 그것들을 깊이 사랑하는 것이다. 만일 우리 육신이 여기서 화를 내고 불평을 해댄다면, 글쎄, 불평하도록 내버려두자. 그들은 아무것도 얻지 못할 것이다. 불평이 신을 변화시키지는 않을 것이다! 아무리 많은 사악한 존재들이 비틀거리고 일탈하여도, 선택받은 자들은 그대로일 것이다(같은 책, 137쪽).

그러나 그 종교개혁가는 『신학대전』의 저자와는 달리 왜 — 매우 적절하게 — "천국에 가 있는 사람들은 땅 위의 저주받은 자들을 불쌍히 여기지 아니 하는가"(Ⅲ.Supp.xciv. 1-3)에 대한 이유들을 냉철하게 요약해나갈 만큼 완전히 자기 만족에 빠진 골수분자는 아니었다. 그는 우리가 신앙심이 그리 깊지 못한 영국 공군 사병이 하듯이 "다른 사람들은 난 몰라!"라고 내뱉을 때의 그런 태도를 취하진 않았다.

6. 곳프리 베이지에게 되돌리며

나는 이 기고문의 제5절에서 그전에 베이지가 우리에게 남겨준 것보다 훨씬 더 다루기 어려운 이율배반을 가장 격렬한 형식으로 제시하였는데, 그것은 베이지가 행위와 물리적 결정론에 관하여 하고 싶은 말을 우리에게 모두 털어놓을 수 있게 유익한 힌트를 주고 싶은 마음에서였다. 나는 또한 종교적 악몽에서 세속적 학문으로의 귀환을 쉽게 하기 위하여 예정설과 그에 맞먹는 보편적, 필연적, 무신론적, 물리적 결정론 간의 중요해보이는 차이점을 가감 없이 부각시켰다. 전자에서는 가정상의 뛰어난 조작자에게 전부는 아니더라도 최소한의 책임이 부과되어야 하는 반면, 후자에서는 비난의 화살을 돌릴 곳이 아무도 없을 뿐만 아니라 또 있을 수도 없다. 미국 대통령 해리 트루먼(Harry S. Truman)의 매우 특징적인 책상 좌우명과 같이 "모든 책임은 내가 진다!(The buck stops here!)"

흄의 양립 가능론

곳프리 베이지

1. 요약과 반응

나는 첫 번째 기고문을, 앤터니 플루와 내가 토의할 쟁점이 행위와 필연에 관한 것이라는 말로 시작했다. 바로 인간의 행위와 인과적 필연성에 관한 문제다. 이것은 순수한 학문적 쟁점에 그치는 것이 아니라, 자신의 심리학적 지식을 인간 행동을 개선하는 데 사용하고자 했던 스키너와 같은 심리학자들이 인간의 행동은 '자율적 통제 능력이 있는 행위자'에 기인한다는 견해를 무력화할 필요를 느꼈다는 사실에서 알 수 있듯이 실제적인 영향력을 가지고 있다. 스키너는 이러한 견해를 전과학적(pre-scientific)이라고 보았다. 과학자는 행동을 환경에 귀속시킨다 : "실험적 분석은 행동의 결정 문제를 자율적인 인간에서 주위 환경으로 전가시킨다. 환경은 종(種)의 진화와 종의 각 구성원이 획득한 역할 모두에 책임이 있다."

스키너는 자신이 무력화하려는 견해의 기원을 고대 그리스인들에게서 찾는다. 물론 그럴 수 있다. 플라톤은 두 가지 원인을 구분하고자 했다. 간단히 말해, '정신'과 '필연성'이라고 할 수 있고, 자세하게 말한다면 '정신을 가지고 태어났으며 공정하고 훌륭한 일들을 하는 것들'과 '다른 것들에 의해 움직이면서 동시에 다른 것들을 움직여야만 하는 것들'이다. 전자(정신이 부여된 것들)가 바로 스키너가 말한 '자율적 통제 능력이 있는 행위자'에 해당되는 것이다.

전과학적이든 그렇지 않든, 우리가 행위자라는 이 견해는 분명히 일상의 대화 속에 담긴 무언가를 반영하고 있다. 예를 들어 우리가 "소크라테스가 자리에 앉았다"라고 말할 때, 우리는 그 상황을 그의 두 다리가 구부려져 있고 그는 자신이 좋든 싫든 앉은 자세를 취하고 있다는 상황과 구분한다. 앉는다는 것은 근육의 운동과 뼈 관절의 움직임 등을 포함한다. 플라톤은 '소크라테스의 무릎이 굽혀지기 위해 물리적으로 필요한 것'과 '소크라테스가 한 것'이 어떻게 관련되는지에 대한 질문을 제기한다. 1960년대에 자주 사용했던 용어를 빌리자면 이는 '행위자 원인'이 '사건 원인'과 어떻게 관련되는지의 문제다.

소크라테스는 "내가 지금 이렇게 앉아 있는 이유는 내 몸이 뼈와 근육으로 구성되어 있고, 내 몸의 뼈들은 관절을 통해 자유로이 움직이고 근육들은 이완과 수축 작용을 통해 어떻게든지 내가 팔다리를 구부릴 수 있게 하기 때문이다"라고 말한다. '어떻게든지'라니, 구체적으로 어떻게? 소크라테스의 힘줄은 이완과 수축을 할 수 있다. 그가 그것을 이완하고 수축시키는 것일까? 그렇지 않으면, 그는 이완시키고 수축시키는 다른 무엇 — 신경계에 메시지를 보내거나 의지 작용을 수행하는 것 — 을 하는가?

이 문제를 해결하는 데 도움을 주는 '사고 실험'이 윌리엄 제임스의 환자의 경우를 통해 제공된다. 이 환자는 자신이 요구받은 움직임이 일어나지 않는다는 사실에 놀랐다. 그는 자신이 손을 들었다고 스스로 생각하게 한 무언가를 했을까? 아리스토텔레스의 확고한 답은 다음과 같았을 것이다. "아니다. (손이 올라가는 느낌이 없는 것과는 별개로) 그는 자신이 손을 들었다고 여겼지만 사실은 어떤 것도 하지 않았다." 데카르트의 답은 (제임스의 답도 마찬가지다. 제임스 1891, vol. II, 560쪽 참조) 다음과 같았을 것이다. "그렇다. 그는 손을 들려고 의지를 발휘했다." 그리고 다음과 같은 세 번째 답이 있을 수 있겠다. "그렇다. 그는 손을 들려고 시도했다." 플루가 이 세 번째 답을 선호했으리라고 생각하면서, 나는 시도(trying)가 어떻게 행함(doing)과 연관되는지에 — '내부적'으로 — 관해 오쇼네시(O'shaughnessy)와 같은 입장을 취하면서 이 문제를 길게 논의했다.

데카르트가 의지의 행위를 일종의 외부적 원인으로 여겼는지는 의문의 여지가 있다. '신체와 영혼의 결합'에 대한 그의 언급은 의지 작용(willing)과 행함(doing) 사이의 관계가 내부적이라는 설명으로 받아들여질 수 있을 것이다. 그러나 이것이 표준 해석은 아니다. 표준 해석에 따르면, 데카르트가 한 것은 '행위자 원인'이라는 사실 위에 '사건 원인'을 구축하려는 것이었다.

일단 자발적인 운동이 행위자가 즉각적으로 야기한 것이 아닌 다른 무언가에 의해 야기된 것으로 다루어지면, '다른 무엇'에 대한 더 확대된 질문이 따라나온다. 그리고 그에 대한 답이 또 다른 인과적 질문('그렇게 하도록 사람들의 의지를 발동시키는 원인은 무엇인가?')을 허용한다면 우리는 그야말로 미끄러운 내리막 길을 타기 시작하여 마침내 일체의 자율적 행위와 인간 행동에 대한 개인적 책임 모두를 거부해버리는 결과에 다다르게 된다. 그렇게 되면 우리는 스키너와 그 동료들에 합류하는 쪽으로 가게 된다. 물론 스키너와 함께 하려면 심리학에 대한 우리의 개념을 수정해야 하기는 하겠지만 말이다. 우리는 흄, 밀 부자(父子), 베인, 티셔너의 내성주의를 포기하고, 이들의 원칙인 관념의 연합 이론을 철회해야 한다. 그 대신 우리는 왓슨, 손다이크, 스키너의 행동주의를 수용하고 스키너가 '조작적 조건 형성(operant conditioning)'이라고 부른 것이 자율적 행위에게는 한 치의 여지도 남기지 않는다는 점에서 파블로프의 조건 형성과 같다는 모순적인 신념을 채택해야 한다. 내가 '모순적인 신념'이라고 부르는 이유는 조작적 조건 형성이 '끈을 잡아당기는 짓과 같이 피험 동물이 자신의 뜻으로 하는 행동이 있다는 사실'에 의존한다는 바로 그 점에서 파블로프의 조건 형성과는 분명히 다르기 때문이다. 간단하게 말해, 그것은 행위의 실천에 의존한다. 무언가를 하는('무언가를 한다'는 것은 침 홀리기와 같은 반사 작용은 해당되지 않는다) 행위자(인간이든 아니든)가 없다면 '조건 형성'을 통해 '강화'되는 행동도 없을 것이다. 이로써 나는 도구적 학습에 관련된 제반 사실들이 초기 그리스인들이 인간의 행동을 자율적 행위자에 기인한 것으로 봄으로써 '치명적인 실수'를 저질렀다고 비판하는 스키너의 주장을 보증하지 못한다고 결론을 내렸다.

그렇다면 더 난해한 문제가 남게 된다. '행위자 원인'은 행위자가 자유롭게 움직이거나 움직이지 않을 수 있다는 사실을 그 특징으로 한다. 그러나 모든 운동은 물리적 법칙들이 지배하는 결정론적 시스템 내에서 생긴다는 것은 사실이 아닌가? 즉, 어떤 운동들은 일어날 것이고 어떤 운동들은 일어나지 않으리라는 것은 물리적으로 이미 결정된 사실이 아닌가? 만약 그렇다면, '행위자 원인'과 같은 것은 아예 존재하지 않는다는 결론이 나올 것이 아닌가?

이 즈음에서 나는 앤터니 플루에게 차례를 넘겼었다. 그는 물리적 결정론에 관한 더 난해한 문제를 제외하고는 나와 실제적인 이견의 가능성이 없을 것 같다고 말하면서 논의를 시작했다. 플루는 심리학자들이 환경이 어떻게 인간에게 작용하여 통제하는지를 (이들이 생각하기에는 인간에게 가장 이득이 되는 작용과 통제) 자유롭게 설명할 수 있도록 논의에서 '자율적 통제 능력이 있는 행위자'를 제거해버리고자 했던 스키너로부터 논의를 시작한 나의 방식에 찬동한다. 물론 플루는 나보다 더 오래 전부터 스키너를 비판해왔는데, 그런 경력을 살려 그는 스키너의 초기 저서들에서 자유 의지에 반하는 구절들을 적절하게 인용한다.

플루는 나와는 달리 플라톤과 아리스토텔레스를 '인간 본성에 관한 두 경쟁적 전통의 창시자'로서 서로 구분한다. 좀 거칠게 표현하자면, 두 사람은 신체와 정신에 대한 이원론(플라톤)과 일원론(아리스토텔레스)의 원조라는 것이다. 이에 대해 내가 유보하고 있는 부분은 심신이원론의 입장과 관련하여 그가 사용하고 있는 '플라톤-데카르트적'이라는 표현이다. 내가 알기로는, 플라톤이 주장하는 이원론의 형이상학적 근거는 상호 대립하는 것들이 뒤섞여 있는 가시계(the visible)와 그렇지 않은 예지계(the intelligible)의 구분(플라톤, 『국가』Ⅶ, 524c)이며, 데카르트가 주장하는 이원론의 형이상학적 근거는 두 개의 상이한 실체의 속성으로서 연장(延長 : 물리적 연장은 기하학적 연장과 같다고 추정된다)과 사고 혹은 의식의 구분이다. 이처럼 심신이원론

(mind-body dualism)은 형이상학적 근거에서 차이가 매우 크기 때문에 '플라톤-데카르트적'이라는 표현은 오해를 불러일으킬 소지가 많다. 물론 플루는 플라톤과 데카르트 모두 정신이 신체와 떨어져 존재할 수 있다고 인식했다는 점은 바로 보았다. 내가 유보하고 싶은 또 다른 부분은 아리스토텔레스가 이러한 가능성을 생각하지 않는다는 점이다. 『영혼에 대하여(*De Anima*)』제3권 제5장에서 아리스토텔레스는 정신은 '모든 것이 됨으로써', 또 '모든 것을 만듦으로써' 본연의 모습을 유지한다고 말한다 (430a15). 아리스토텔레스는 '모든 것으로 되어 가는 것'으로서의 정신은 신체와 결합되어 있으며 파괴될 수 있는 것이라고 주장한다. 그러나 '모든 것을 만드는 것'으로서의 정신은 불멸하며 영원하다고 말한다. 나에게는 이러한 설명이 이해하기 매우 어렵고, 따라서 아리스토텔레스가 어떤 식의 심신이원론도 지지하지 않았다고 자신 있게 주장할 수 없다.

플루는 이어서 '예정설'이 사실은 운명 예정(preordination)에 대한 교의(敎義)임에도 불구하고 예견(precognition)에 대한 교의라고 잘못 이해되고 있는 것과 같이 일부 널리 잘못 사용되고 있는 개념들을 다룬다. 그는 행위와 필연에 대해 집필한 사람들은 주어진 과제를 이행한 것으로 인정한다. 즉, '고대의 위대한 사람들이 촉구하고, 만들고, 대입한 논변, 구분, 반론들'을 검토했다는 것이다. 이렇게 함으로써 오해를 피할 수 있다. 플루가 생각하기에 특별히 검토할 가치가 있는 철학적 입장이 하나 있는데, 그것은 바로 그가 '양립 가능론'(나의 첫 기고문에서 전혀 언급되지 않은 입장)이라고 부르는 입장이다.

그의 기고문 제2절(물리적 원인과 정신적 원인 : 올바로 구분하기)에서 플루는 '행위자 원인과 사건 원인'에 대한 논의를 반대했는데, 그 이유는 이들 사이의 구분이 "'원인'이라는 단어가 가지고 있는 서로 다른 의미 사이의 구분보다는 서로 다른 종류의 야기(causing) 사이의 구분을 암시할 수밖에 없기 때문"이라고 한다. 나는 그가 '종류'와 '의미'를 구별하는 의도를 알 수 있을 것 같다. 그러나 여기서 더 나아가 '어떤 행위자가 (동기가 부여되어) 행동하도록 야기된다'고 말하는 것의 의미와 '다른 무언가가 일어나도록 야기된다'고 말하는 것의 의미 사이에 **올바른 구분**이 있다고 말할 때 그는 뭔가 다른 점을 이야기하는 것 같다. 나는 이러한 구분이 유효하다는 점에는 동의한다. 그렇지만 '올바른 구분'이 도대체 무엇을 의미하는 것일까? '행위자 원인 / 사건 원인'의 구분보다 더 근본적인 구분을 의미하는 것인가? 만일 그렇다면 나는 그가 틀렸다고 생각한다. 어떤 사람이 식사 후에 평소 습관에 따라 담배에 불을 붙인다고 가정하자. 이때 이 사람은 담배에 불이 붙음의 원인이다. 그러나 이 사람이 꼭 담배에 불을 붙이는 동기를 가지고 있다고 볼 수 있을까? 동기를 가진다는 것은 행위자 원인의 한 가지 특징일 수 있지만 불변의 특징은 아니다. 내가 보기에는 '행위자 원인 / 사건 원인'의 구분이 더 근본적인 것이다. 마찬가지로, 나는 흄의 정신적 원인('정신에서 동기나 이유로 작용하도록 맞추어진 모든 상황')과 물리적 원인 사이의 구분은 타당하다고 생각한다. 그러나 이것이 플라톤의 '정신을 가지고 태어난' 것들(신과 인간)과 '다른 것들에 의해 움직이면서 다른 것들을 움직여야만 하는 것들' 사이의 구분과 같다고는 생각하지 않는다. 플라톤의 구분이 더 근본적이다.

그러나 나는 플루와 나 사이의 이러한 불일치가 '실로 중대한 불일치'라기보다는 어디에 강조점을 두어야 할지에 대한 불일치라고 생각한다. 그는 행위자가 (동기 부여에 의해) 행동을 야기하는 것의 의미를 강조하기를 원하는데, 그 이유는 그가 정신적 결정론('모든 행동은 행위자의 동기, 목적, 의도 등의 측면에서 설명될 수 있다')과 물리적 결정론 사이의 구분을 주장하고 싶어하기 때문이다. 그의 요지는 오직 물리적 종류의 결정론만이 강제(necessitation)를 수반하고, 따라서 자유에 위협이 된다는 것이다. 나는 이에 동의하는 바다. 플루의 말대로, 그가 '정신적 결정론'이라고 부르는 것은 강제를 수반하지 않지만 물리적 결정론은 이를 수반한다. 이것과 비교해서, 사람들이 이따금 성취할 목적을 생각하지 않고도 행동한다는 점은 그다지 중요하지 않다. 그것은 사실이긴 하나 그다지 중요하지 않다. (물론 쾌락이 늘 원하는 목표라고 가정하면 그것은 사실이 아니라고 할 수 있겠지만, 이러한 가정은 사람들이 결과를 인식하면서도 흡연을 한다는 사실을 고려할 때 다소 억지스럽다고 생각한다.)

제3절(물리적 원인과 정신적 원인 : 구분에서 생기는 이득)에서 플루는 정신적 원인의 작용을 물리적 원인의 작용에 동화시키는 사람들, 즉 동기 부여를 강제하기(necessitating)로 간주하는 사람들의 예(프리스틀리, 골턴, 프로이트, 에드워즈)를 제시한다. 플루는 반대로 내가 터커를 인용한 것에 대해 찬성한다. 그는 널리 사용되는 유사 전문 용어인 '충동(drives)'이라는 용어가 어떻게 해서 '수동적으로 조종당함'이라는 강하지만 근거 없는 암시를 가져오는가에 관해 언급한다. 그런데 터커는 '동기'라는 용어에 대해서도 비슷한 의견을 내놓는다. 즉, 그는 우리가 어떤 행동(예컨대, 걷기)의 목적 원인(예컨대, 건강)을 '용수철이나 다른 지렛대가 없이는 작동이 불가능한 기계 엔진에서 따온 은유법'(브라운 1970, 130쪽)을 이용하여 '동기'라고 자주 부른다고 말한다.

우리가 어떻게 정신적 원인이라는 관념을 획득하게 되는지는 명확하다. 우리가 하는 행동의 동기를 확보하면 된다. 그렇지만 강제의 관념을 포함하는 물리적 원인의 관념은 어떻게 획득하는 것일까? 제3절 마지막 부분과 제4절('필연성'의 의미와 무의미) 앞부분에서 플루는 흄이 이 질문을 어떻게 다루고 있는지에 대해 꽤 많이 언급을 하고 있다. 이 내용을 제대로 전달하기 위해서는 먼저 내가 흄의 입장에 대해 이해하고 있는 바를 제시해야 할 것 같다(아래 참조).

제4절 후반부에서 플루는 '논리적 필연성과 물리적 필연성의 상이한 특성들'을 논의한다. 그는 그 차이를 구분하는 가장 좋은 방법이 해전의 문제(아리스토텔레스, 『해석론』, 제9장)를 검토하는 것으로 보고, 그렇게 했다. 이 문제에 대해서는 우리 사이에 '중대한 불일치'가 있다고 생각하지 않는다.

플루의 기고문 제5절의 제목은 '양립 가능론과 신앙'으로, 우리의 행동이 신에 의해 미리 정해져 있다는(알려지지 않았을 뿐이지 예정되어 있다는) 것과 우리의 행동이 진정으로 우리 자신의 것이기에 그 결과에 대해 개인적 책임을 져야 한다는 것이 서로 양립할 수 있는지 없는지를 다루고 있다. 플루는 여기에 대해 강한 의견을 가지고 있다. 그는 "예정설의 무서운 가혹성 — 신이 인간들로 하여금 나중에 그것을 했다는 이유로 저주할 행동을 하게 만든다는 불가피한 함의"에 대하여 논한 다음, 예정설이 '급진적 칼빈주의자들에게서만 찾아볼 수 있는 모종의 기이함'이라고 생각하는 것은 잘못이라고 주장한다.

예정설에 대해 강한 입장을 표명하는 사람은 플루 혼자만이 아니다. 어렸을 때 아버지의 설교를 들으면서 나는 『공동 기도서(*Book of Common Prayer*)』의 끝에 있는 「39개조 신앙 고백(39

Articles of Religion)」을 읽고는 했다. 나는 내가 과연 그것들을 마음속으로 받아들일 수 있을지 궁금했다. 내가 자주 읽던 부분은 제17조 '예정과 선택에 대하여'였다. 여러 종류의 질문들이 몇 개 떠올랐다. 나는 선택된 사람들 중 하나일까? '성령이 육체와 속세의 작용을 억제하며 일하시는 것과 이 땅의 사람들과 그 정신을 저 높이 천상으로 끌어올리는 것을 느낄 수 있는' 사람들 중 하나인가, 아니면 나는 천벌이 예정된 '의심 많고 세속적인 사람'인가? 저주와 천벌에서부터 구원받을 사람과 그렇지 않은 사람이 미리 정해져 있다면 신앙을 가지고 선하게 살며 사랑하고자 노력을 한들 무슨 소용일까? 왜 신은 단지 저주하고 벌하기 위해서만 인간을 창조했을까?

내가 성직의 길을 걷지 않기로 결심한지 (내가 이런 결정을 하도록 신이 미리 정해놓은 결과로?) 10년 정도가 지난 후에 나는 데카르트의『철학의 원리』제1부의 제41절 '우리 의지의 자유와 신의 예정을 조화시키는 방법'(데카르트[1644] 1985, vol. I, 206쪽)을 읽었다. 나는 그 절의 내용이 제목에 못 미친다고 생각하거니와, 제목처럼 가능한 것이 실제로 있으리라고 생각하지도 않는다. 플루와 나는 다시 한번 뜻을 같이 한다.

마지막 부분에서 플루는 그가 예정설에 대해 말한 것이 행위와 물리적 결정론에 대한 나의 견해를 그와 독자들에게 말할 수 있는 '유익한 힌트'가 되었으면 좋겠다는 바람을 표명한다. 그것을 직접 힌트로 사용할 수는 없을 것 같다. 그러나 전능한 신이 모든 일의 진정한 원인이라는 개념에 대해서는 할 말이 있을 것 같다. 이는 흄의 '화해 프로젝트'에 대한 비판적 분석을 통해 행위와 물리적 결정론의 문제에 접근함으로써 가능할 것이다. 누가 알겠는가, 기대해온 '실로 중대한 불일치'를 내가 마침내 불러일으켜 이 책을 구입한 사람들이 돈을 쓴 가치를 느끼게 될는지! 플루는 흄에 대해 많은 내용을 썼다. 하지만 그가 말하지 않은 것 중에 내가 말할 수 있는 것이 좀 남아 있다는 생각이 드는데, 바로 그 부분에 대해서 당연히 그는 나중에 이의를 제기할 수 있을 것이다.

2. 흄의 장비

누구든지 자유와 필연성의 양립 가능성을 입증하는 일과 같은 철학적 과제를 떠맡은 사람이라면 아무 생각 없이 그 일을 시작하지 않는다. 그는 전제, 정의, 원칙, 실행이라는 장비를 갖추고 그 작업에 임한다. 이것들은 철학적 문제에 대한 그의 전체적 전망과 접근법을 형성하기 때문에, 이들 중 일부가 어떤 것인지에 대해 그 자신도 정확하게 설명하지 않고 지나가는 경우가 많다. 그렇다면 불명확한 것을 명확하게 만들고 새로운 관점에서 그 가정들을 평가하는 작업은 후세 비평가들의 몫이다.

흄이 가진 장비는 무엇일까?

(1) 그 중 하나는 이미 사람들에게 잘 알려진 것이다. 그러나 그것은 잘못된 것이다. 흄은 모든 인류가 "자신들의 실천과 추론 활동 전반에 걸쳐 필연성의 원칙을 주저함 없이 인정해왔다"고 말한다(흄[1748] 1975, 95쪽). 그러나 그렇지 않다. 고대 그리스인들은 필연성을 다른 어떤 것과 대조하는 관점을 취하였는데, 플라톤은 정신과(『티마이오스』 46c-48c, 『파이돈』 97c-99b), 아

리스토텔레스는 '무언가를 위해'(『자연학』 198b17) 일어나는 것들과 각각 대조하였다. '모든 인류'라는 표현이 새로운 과학자들과 그들의 철학적 동반자들에게 국한되는 경우에만 흄의 대담한 주장이 그럴 듯해 보인다.

(2) 잘 알려진 또 다른 장비는 동기에 관한 것이다. 그는 동기를 행동을 생성하는 '열정'으로 보았으며, '동일한 동기는 항상 동일한 행동을 생성'하는 것으로 보았다(흄[1748] 1975, 83쪽). "동기와 자발적인 행동 사이의 연결은 자연의 어느 부분에서나 볼 수 있는 원인과 결과 사이의 연결만큼이나 규칙적이고 획일적이다"(같은 책, 88쪽)라고 흄은 말한다. 그는 독자들이 동기를 하나의 당구공이 다른 당구공을 친 후에 특정한 사건, 즉 두 번째 공이 움직이는 것과 같은 물리적 사건이 따라오는 것과 동일한 방식으로 특정한 행동이 따라오는 정신적 사건으로 생각하기를 원한다. 두 경우 모두 '대상'이라는 용어가 지닌 넓은 의미에서 두 대상 사이에는 항상적 결합(constant conjunction)이 있다. 우리 둘 다 각자의 첫 번째 기고문에서 행동의 설명으로서 동기를 언급했다는 점을 반복하지는 않겠다.

(3) 그 다음 장비는 '자유(liberty)'에 대한 그의 정의다. 자유는 행위자가 '의지의 결정에 따라 행동하거나 행동하지 않을 힘'을 갖는 것이다(같은 책, 95쪽). 그러나 이것은 아직 명확하다고 볼 수 없는데, 그 이유는 이 정의의 앞 부분에 숨어 있는 모호성이 좀더 드러나야 할 필요가 있기 때문이다. '의지의 결정에 따라'의 의미는 '의지가 어떻게 결정을 내리느냐에 따라'를 의미할 수도 있고 '의지가 어떻게 결정되느냐에 따라'를 의미할 수도 있다. 데카르트는 첫 번째 해석에 동의할 수 있겠지만 두 번째는 아닌데, 그 이유는 그가 의지를 결정되지 않은, 자유로운 것으로 보았기

때문이다. 반면에 흄은 두 번째 해석을 정의로 받아들이려 했는데, 그 이유는 독자들이 의지는 — 동기에 의해 — 결정되는 것이라고 설득되기를 바랐기 때문이다. 데카르트는 '의지의 행동'이라는 것을 고안함으로써 결과적으로 흄에게 이익을 주었다. 독특한 정신 능력으로서의 '의지'를 생각하지 않고도 우리는 나무랄 데 없는 저 정의의 뒷 부분, 즉 자유는 행동하거나 하지 않을 힘을 가진다는 말에 흡족할 수 있었을 것이다.

정의의 뒷 부분을 보여주는 예를 생각하기란 어렵지 않다. 밤에 앞에서 다가오는 차가 전조등을 내리지 않아 상대방 차의 빛을 그대로 받는 것처럼 밝은 빛이 눈으로 들어오는 경우를 생각해보자. 이때 당신은 눈을 감거나 아니면 그대로 뜬 채로 전조등에서 시선을 다른 데로 돌리는 선택을 할 자유가 있다. 하지만 계속해서 눈을 뜨고 있다면 동공을 줄이거나 줄이지 않거나 하는 자유는 없다. 이는 당신이 통제할 수 없는 반사 작용이다. 당신은 눈을 뜨거나 감을 수 있는 행동을 하거나 하지 않을 힘은 있지만 동공의 크기에 대해서는 그런 힘을 가지고 있지 않다.

그렇다면 데카르트는 당신이 눈을 뜨거나 감을 수 있는 행동을 하거나 하지 않는 힘을 가지고 있지는 않고, 단지 눈을 뜨거나 감을 의지를 작동하거나 작동하지 않을 힘만 가지고 있다고 말한 것으로 해석해도 무리가 없다. 그렇다면 "어떻게 하면 눈이 계속 떠 있는 상태가 유지되는 결과가 나오도록 당신의 의지를 작동시킬 수 있는가?"라는 질문을 할 수 있겠다. 그리고 아마 대답은 "당신의 차를 조종해야 한다는 동기(그러기 위해선 눈을 계속 뜨고 있어야 한다)가 눈을 빛으로부터 보호해야 한다는 동기보다 당신의 의지에 대해 더 힘을 발휘하게 함으로써"가 될 수 있겠다. "어떻게 그렇게 하느냐?"는 질문이 나오면 "하는 것이 아니라 당신의 생존 본능이 빛으로부터 당신의 눈을 보호하려는 순간적인 생각보다 강하기 때문"이라는 대답이 돌아올 수 있을 것이다. "그러면 왜 이처럼 강한 생존 본능을 갖느냐?"라는 질문에는 "왜냐하면 그러한 본능을 가진 사람들만이 생존할 수 있고, 또 그들을 닮은 후손들만이 생산될 수 있게 만들어진 환경 때문에"라는 대답이 가능할 것이다. 이와 같은 문답이 계속되는 가운데 어느 순간 인격의 개념, 즉 무언가를 행하는 자율적 행위자의 개념은 흔적도 없이 사라져버리고 말았다. '사건 원인'은 '행위자 원인'으로부터 업무를 인계받았다. 데카르트는 의지의 행동을 창안함으로써 이러한 인계를 가능하게 했지만, 의지를 결정되지 않은 자유로운 것이라고 주장함으로써 이에 저항하였다. 흄은 자유를 '의지의 결정'이라고 정의함으로써 이러한 인계가 이루어지도록 도왔다.

(4) 흄의 네 번째 장비는 내가 '사고-의미화 가정(thought-signifying assumption)'이라고 부르는 것이다. 이 가정은 실제로는 두 부분으로 되어 있다. 첫째, 말한 것(담화)은 생각한 것을 나타냄으로써 의미를 갖게 된다는 것이고 둘째, 생각은 서로 연결된 관념들로 이루어져 있다는 것이다.

이러한 가정에 이르는 하나의 경로는 어떻게 사고(thinking)와 담화(discourse)가 연결되는지에 대한 플라톤의 언급에서 시작될 수 있다. "사고와 담화는 동일한 것으로, 다만 우리가 사고라고 부르는 것은 발화된 소리 없이 정신에 의해 실행되는 내부 대화이고, 반면에 정신에서 입술을 통해 소리로 흘러나오는 흐름은 담화라고 부른다"(『소피스트』 263e). 대체로, 사고는 자기가 자기에게 말하는 소리 없는 담화다.

다음 단계는 사고라는 것이 있기 위해서는 자신에게 말하는 것으로는 충분하지 않다는 고찰이다. 자기 자신에게 화자가 되는 사람은 자신에게 말하는 것을 이해하고 그 의미를 알아야 할 필요가 있다. 따라서 화자는 단어들이 '의미'하고 '표현'하는 '관념'을 가져야 한다. 데카르트는 이를 다음과 같이 설명한다.

> 관념. 나는 이 용어를 어떤 사고의 형태를 뜻하는 것으로 이해한다. 나는 관념을 즉시 지각함으로써 그와 관련된 사고를 알아차릴 수 있다. 따라서 무언가를 단어들로 표현하고 내가 말하는 것을 이해할 때마다, 이러한 사실로 인해 문제의 단어들에 의해 의미되는 것의 관념이 내 안에 있다는 점이 확실해진다(데카르트[1641] 1985, vol. II, 113쪽).

이 정의에서 데카르트가 하나의 관념이 문장 전체의 의미를 나타내는지 아니면 한 문장 안의 각 단어나 어구에 상응하는 관념들이 있다고 생각했는지는 확실하지 않다. 이는 로크의 글에서 명확해진다. 하나의 관념은 한 단어나 어구의 의미이지 전체 문장의 의미는 아니라는 것이다. 예를 들어 로크는 힘의 관념에 대해 썼다. 흄 역시 로크를 따라 필연적 연결이라는 관념에 대해 썼다.

(5) 흄의 다섯 번째 장비는 칸트(Immanuel Kant : 1724~1804)가 『순수이성비판(*Critique of Pure Reason*)』 제2판의 서문에서 "이제부터 모든 우리의 지식이 사물에 일치하는 것으로 가정한다"(칸트[1787] 1933, B.xvi)고 말했을 때 언급된 심오한 형이상학적 가정이다. 나는 그것을 '일치 가정(conformity assumption)'이라 부르고자 한다.

최근에 와서 일치 가정은 무엇보다도 '언어로써 참과 거짓을 표현하는 것'과 '그것을 표현하는 언어' 사이의 구분을 통해 가장 잘 설명될 수 있다. 색깔의 어휘를 생각해보자. (삶의 방식이 우리와 매우 다른) 어떤 이방 문화에서는 우리가 같은 것으로 보는 색을 두 가지 다른 색으로 부른다고 가정해보자. 예컨대, 에스키모인들은 방금 내린 깨끗한 눈을 한 가지 색으로 부르고, 눈 신발을 신지 않은 사람의 무게를 견딜 수 있을 만큼 단단하게 쌓인 눈을 다른 색으로 부르는 반면, 우리는 둘 다 같은 '흰'색으로 부른다. 이제 다음과 같은 질문을 생각해보자. 우리가 같은 색으로, 에스키모인들은 서로 다른 두 가지 색으로 부르는 색은 **실제로** 같은 것인가 아니면 다른 것인가? 바꾸어 말하면, 어떤 언어가 옳은가?

이제 나는 일치 가정을 만드는 것이 무엇인지 말할 수 있다. 일치 가정을 만드는 사람은 '어떤 언어가 옳은가?'라는 질문이 의미가 있으며, 따라서 그에 대한 맞거나 틀린 답이 있다고 가정하는 사람이다. 일치 가정을 세우는 사람은 자신의 언어가 옳다 (또는 다른 용어로 말해 '실재에 일치한다')고 가정하게 된다. 나는 이를 '믿음'이라기보다는 '가정'이라고 부르는데, 그 이유는 이 사람이 '실재에 일치하거나 일치하지 않는 언어'의 개념을 결코 의식적으로 받아들이는 일이 없을 것이기 때문이다. 자신의 언어 일부가 암만 해도 보증되지 않은 것이라는 느낌이 들 때만 그는 그 부분에 대해 여기에 일치하는 실재가 없다고 말하고, 그럼으로써 자신의 나머지 언어는 실재에 일치함을 암시하게 되는 것이다.

칸트는 우리 언어의 불확실한 부분의 예로 우리가 흔히 말하는 '행운'과 '운명'을 든 바 있다. 그는 **행운과 운명**은 "비합법적 (usurpatory) 개념으로 … 이들은 사실상 거의 일반적으로 관용에 의해 통용되고 있지만, 때때로 이런 개념들의 권리가 무엇인가 하는 '권리 문제(*quid juris*)'의 도전을 받기도 한다"(칸트 [1787] 1933, B.117)고 말한다.

칸트가 '비합법적'이라고 부르는 개념의 의미는 이러한 개념이 사용되는 문장(예컨대, '그는 버스에 치일 운명을 타고났어')은 엄밀하게 말해서 참도 거짓도 아니며 무의미하다는 것이다. 다시 말해, 한 언어 안에서 말한 것이 참이나 거짓이 되려면, 이 언어가 실재에 일치해야 한다는 것이다. 참된 사실에 대해서만 지식을 가질 수 있다고 말할 수 있기 때문에 자신의 언어가 실재에 일치할 때만 지식을 가질 수 있다. 이처럼 칸트에게 일치 가정의 공식은 "모든 우리의 지식은 사물에 일치해야 한다"는 명제로 어느 정도 설명할 수 있다.

나는 일치 가정을 언어와 실재 사이의 가정으로 설명했다. '사고-의미화 가정'을 만드는 사람들에게 그것은 **사고**와 실재에 대한 가정이다. 서로 연결된 관념들로 구성된 사고를 가정하는 사람에게 그것은 **관념**과 실재에 대한 가정이다. 로크가 자주 사용했던 용어로 표현하자면 관념은 '**실제적**'이거나 '**환상적 혹은 공상적**'(로크[1690] 1975, II.xxx.1)이다. 관념들은 '사물의 실재에 부합'하면 **실제적**이고, 그렇지 않으면 **환상적**이거나 **공상적**이다. 대체로 로크의 환상적 관념은 칸트의 비합법적 개념과 일맥 상통한다.

(6) 자신의 관념이 실제적이거나 환상적이어야 한다고 가정하는 사람은 이러한 가정에 만족하고 있기가 어렵다. 이 사람은 반드시 '내가 가지고 있는 어떤 관념이 실제적인지 아닌지 어떻게 알 수 있는가' 하는 질문에 직면하게 된다. 칸트는 법학자의 언어를 차용해, '연역(deduction)'에 대해 이야기했다. 운명 개념의 연역은 운명의 '객관적 실재'의 증거가 될 수 있다. 문제는 행운과

운명의 경우 우리가 적합한 연역을 생각해낼 수 없다는 것이다. 칸트는 행운과 운명의 경우에 연역에 대한 요구를 다음과 같이 말한다.

이러한 연역의 요구 때문에 우리는 적지 않게 당황한다. 왜냐하면 그런 개념들의 사용 권한을 밝힐 명백한 법적 근거가 경험에 의해서도 이성에 의해서도 획득될 수 없기 때문이다(칸트[1787] 1933, B. 117).

칸트가 특정 개념들에 대한 이른바 '초월적(transcendental)' 연역이라는 탁월한 발상을 하기 전에는 모든 연역은, 칸트의 말을 빌리자면 '경험이나 이성으로부터' 온 것으로 가정되었다. 바로 그와 같은 가정이 흄의 다섯 번째 장비다. 흄은 '원인과 결과의 필연적 연결'이라는 관념의 실재성을 증명하는 작업이 경험이나 이성에 의거해야 한다고 생각했지만, 정작 자신은 경험에 의거한 증명과 이성에 의거한 증명을 모두 거부하였다.

흄이 거부한 '경험에 의거한 증명'은 다름아니라 우리는 "이런저런 특정한 행동을 하거나 하지 않도록 명령하는 정신의 사고나 선호에 의해서가 아니라 우리들 내부에서 정신의 활동들과 신체의 운동들을 시작하거나 유지하거나 지속하거나 중지하는 힘을 발견함으로써" 능동적인 힘의 관념을 얻게 된다는 로크의 주장이다(로크[1960] 1975, II.xxi.5). 로크는 능동적 힘에 대한 우리의 관념이 실제적 관념이어야 한다고 생각했는데, 왜냐하면 우리는 실제로 내부에서 능동적인 힘을 경험하기 때문이다. 흄은 우리가 우리 의지의 명령에 따르는 신체의 움직임을 의식한다는 점에는 동의하지만, **어떻게** 의지가 원하는 결과를 가져오는지에 대해서는 무지하다고 말한다.

우리 신체의 움직임은 우리 의지의 명령에 따른다. 이에 대해, 우리는 매시간 의식을 한다. 그러나 이것이 효과를 나타내는 수단과 의지가 놀라운 작용을 실행하는 에너지에 대해서 즉각적으로 의식할 방도가 전혀 없다. 우리의 부지런한 탐구를 영원히 벗어나기 때문이다(Hume[1748] 1975, 65쪽).

흄이 거부한 '이성에 의거한 증명'은 말브랑슈(Malebranche : 1638~1715)에게서 나온 것이다. 말브랑슈의 추론은 다음과 같이 진행된다. 만약 누군가가 전능하다면 어떤 일이 일어나도록 의지를 발휘하면 될 것이다. 전능함이란 어떤 전능한 존재가 어떤 일이 일어나도록 의지를 행사할 때 그 일이 일어나지 않고는 안 되는 경우를 두고 말한다. 바꾸어 말하면, 'X'가 전능한 존재이고 'Y'가 해당 사건이라면, 'X는 Y가 일어나게 의지를 행사한다'는 'Y가 일어난다'를 필연적으로 수반한다. 자, 신이 존재하고 신은 전능하고 신은 유일한 전능한 존재다. 따라서 신에게는 원인(신 또는 신의 의지 작용)과 결과(신이 의도하는 모든 것) 사이에 필연적인 연결이 있다. 우리는 원인과 결과 사이에 필연적 연결이 있는 것으로 생각하며, 신의 경우에 이러한 생각이 적용된다. 사실, 이것은 신의 경우에만 적용된다. 신만이 유일한 참된 원인이다. 우리가 보통 원인이라고 생각하는 것들은 단지 신이 그의 전능함을 행사하는 기회(occasions)에 지나지 않는다. 이것들을 '기회' 원인이라고 부를 수 있겠다(말브랑슈[1674-1675] 1980, 448-450쪽).

전지전능한 존재가 실재한다는 가정 하에서 말브랑슈는 '원인과 결과의 필연적 연결'이라는 관념이 객관적 실재성을 가지고 있다고 증명했다. 그러나 그의 증명은 인과적 필연성을 일종의 논리적 필연성으로 분석하는 것이다. 즉, 유일한 인과적 필연성은 '전능'의 의미로부터 나오는 원인과 결과 사이의 필연적 연결뿐이다.

흄은 말브랑슈의 증명을 이성에 의거한 증명으로나 경험에 의거한 증명으로나 어느 쪽도 인정하지 않았다. 말브랑슈는 자신의 논증을 경험에 의거한 증명으로 제시하지는 않았는데, 아마도 그는 흄의 입장에 동의했을 것이다. 우리는 전능한 의지를 행사하는 신을 경험하지 않으므로, 만일 우리가 가진 모든 관념들이 경험에서 직접 온다면 우리는 경험에 의거하여 필연적인 연결의 관념을 가진다고 주장할 수 없다.

흄은 이성에 의거한 증명을 거부하는 이유를 다음과 같이 밝히고 있다.

비록 그것에 이르는 일련의 논변들이 매우 논리적이기는 하지만, 절대적인 확신이 아니라면 그것이 일상 생활이나 경험과는 매우 동떨어진 특이한 결론에 이름으로써 우리 능력의 범위를 넘어서는 지경까지 우리를 데려간다는 강한 의심이 생길 수밖에 없다. 우리는 우리 이론의 마지막 단계로 들어가기보다는 요정의 나라로 들어선다. 거기서 우리는 우리의 일상적 논변 방식을 신뢰할 만한 이유도, 늘 하는 유추와 개연적 사고가 어떠한 권위를 가진다고 생각할 만한 어떤 이유도 찾을 수 없다(흄[1748] 1975, 72쪽).

'행위자 원인 / 사건 원인'의 구분과 관련하여 말브랑슈는 사건 원인이 행위자 원인에 완전히 종속되는 입장을 취한다. 반면에 흄은 스키너에게서 볼 수 있듯이 행위자 원인이 사건 원인에 완전히 종속되는 쪽에 가깝다. 이러한 대조가 흥미로운 것은 이들 두 극단적 입장 중 어떤 것도 일상적인 인간 행위를 수용하지 못한다는 점이다.

3. 화해 프로젝트에서 흄의 장비 사용

흄이 자신의 장비를 사용하는 방법은 이 책을 읽는 대부분의 독자들이 이미 알고 있을 것이므로 간략하게 이야기하겠다.

흄이 사용한 용어는 로크의 용어와는 다소 다르다. "원인과 결과 사이의 필연적 연결에 대한 관념은 실제적 관념인가?"라고 묻는 대신에 흄은 "우리는 정말로 그런 관념을 가지고 있는가?"라고 묻는다. 이 질문에 대한 그의 경험주의적 답변은 다음과 같다 : "그렇다. 만약 그런 관념을 일으키는 어떤 인상이 존재한다면." 그가 발견한 유일한 인상은 인접한 두 개의 대상이 여러 번 되풀이해서 경험될 때 가지게 되는 것으로서, 두 대상 중 하나가 나타났을 때 "정신은 습관에 의해서 그 대상의 일상적 수반물(usual attendant)을 고려하도록 **결정되어 있다**"(흄[1739] 1978, 156쪽)는 것이다. 결정되는 것은 정신의 인상으로, 내부 인상이지 외부 인상이 아니다. 흄의 이러한 추론을 놓고 볼 때 그가 우리는 인과적 필연성의 관념을 대상 안의 어떤 것이 아니라 오직 정신 안의 어떤 것으로만 가지고 있다는 결론에 도달하리라고 합당하게 기대할 수 있겠다. 그리고 사실 이것이 『인성론』에 나타난 그의 입장인 것 같다.

대체로 보아, 필연성은 대상이 아니라 정신에 존재하는 어떤 것이다. 우리는 물체 안에 있는 성질로 간주되는 필연성에 관해 가장 어렴풋한 관념조차 형성할 수 없다. 우리가 필연성의 관념을 전혀 갖지 못하거나, 아니면 필연성은 경험의 결합에 따라 원인에서 결과로, 결과에서 원인으로 사고가 옮겨가도록 하는 결정 이외 아무것도 아니다(흄[1739] 1978, 165-166쪽).

그러나 『인간 지성에 대한 탐구』에서 흄은 다른 결론을 제시한다. 즉, 우리가 물체에 그 기원을 돌리는 (혹은 '물체 안에 있다고 생각하는') 필연성은 두 대상 간의 지속적인 결합과 하나에서 다른 하나로 나아가는 정신의 추론에 의해 이루어진다는 것이다(흄[1748] 1975, 82, 92-93, 96, 96n쪽). 이는 물체 속에 필연성이 있긴 있지만, 그것은 두 대상의 항상적인 결합과 그 결과 일어나는 정신의 추론에 불과하다는 말과 같이 들린다. 흄은 왜 물체 속에 필연성이 있다고 말하고 싶어할까? 아마도 흄은 자신이 '보편적으로 인정된 것'이라고 생각하는 것에 동의할 수 있기를 원하며, "물체는 모든 작용에서 필연적 힘에 의해 움직인다는 점과 모든 자연적 결과는 그 원인이 가진 에너지에 의해 매우 정확하게 결정되어 있어서 이와 같은 특정한 환경에서는 어떤 다른 결과가 나올 수 없다는 점이 보편적으로 인정되어 있다"(같은 책, 82쪽)고 생각하기 때문일 것이다. 이에 동의하기를 원하기 때문에 그는 "우리는 물체 안에 있는 필연적 연결의 관념을 가지고 있는가?"라는 원래 질문을 변형시킨다. 만일 그가 원래 질문에 매여서 '아니오'라고 대답했더라면 그는 자신이 말하는 보편적으로 인정된 것에 동의할 수가 없었을 것이다. 변형된 질문의 경우 답은 '항상적인 결합과 그에 따른 추론'으로, 이에 별 어려움 없이 동의할 수 있게 된다. 그것은 보편적으로 받아들여지는 것,

즉 물리적 대상들이 객관적 (정신과 독립된) 존재를 가지고 있다는 데에 동의할 수 있는가를 묻는 것과 같다. 사람들은 이 질문에 대하여 "동의합니다. 물론 대상들의 객관적 존재는 누구든지 적절한 위치에서 그것들을 감각적으로 경험할 수 있어야겠지만 말입니다"라고 간단히 답할 수 있을 것이다.

다음으로 흄은 자유와 필연의 모순을 기어이 해결하고자 '항상적 결합과 그에 따른 추론'의 측면에서 시도한 인과적 필연성의 분석을 동기(motives)와 행동 사이에 항상적인 결합이 있다는 그의 견해(흄의 두 번째 장비)에 적용시킨다. 그 관련성은 명백하다. 즉, '강제하다(necessitate)'라는 말이 가질 수 있는 유일한 의미에서 '동기는 자유를 강제한다'. 그렇다면 이것은 자유와 양립 가능한 것으로 보이는 필연성이다. 그러나 자유는 단순히 행위자의 '의지의 결정에 따라 행동하거나 하지 않을 힘'을 가지는 것(흄의 세 번째 장비)이다. 여기서 '의지의 결정에 따라'라는 말이 '의지가 어떻게 결정되는가에 따라'를 의미한다면, 그리고 만약 의지가 동기에 의해 결정된다는 것이 인정된다면, 흄은 목적을 달성하게 된다. 실로 자유와 필연은 단순히 양립하는 것이 아니라 이 둘은 **동일한 것**, 즉 '동기에 의한 의지의 결정'이라는 것이다.

4. 필연성의 본질

간단하게 되짚어보겠다. 흄은 일치 가정을 고안하였다. 칸트식의 용어로 말하면 그는 "우리의 모든 지식은 대상에 일치해야 한다"고 가정하였다. 그는 이 가정을 인과적 필연성이라는 관념에 적용하였다. 우리는 인과적 필연성에 대한 우리의 관념이 객관적인 대응물을 가지고 있다는 것을 이성이나 경험으로부터 알 수 있는가? 흄은 우리가 **신의 의지 작용**의 경우에 최소한 (그리고 기껏해야) 객관적인 인과적 필연성이 있다는 것을 이성에 의해 (즉, 전능이라는 개념을 분석함으로써) 안다는 말브랑슈의 이론을 "우리는 우리 이론의 마지막 단계로 들어가기보다는 요정의 나라로 들어선다"는 이유와 우리는 신의 의지 작용을 경험하지 않는다는 이유를 들어 거부하였다. 흄은 경험으로부터 (즉, **우리의 의지 작용**이 결과를 가진다는 것을 경험함으로써) 안다는 로크의 이론을 우리는 우리의 의지 작용이 결과를 초래하는 수단을 알지 못한다는 이유로 거부하였다. 그는 자기 식의 경험주의적 이론을 만들어, "유사한 대상들의 항상적 **결합**과 하나에서 다른 것으로 이어지는 필연적인 **추론**을 넘어서는 어떠한 필연성이나 결합의 개념도 없다"(흄[1748] 1975, 82쪽)는 결론을 내리게 되었다. 간단히 말해, "이러한 항상성(constancy)이 필연성의 본질을 형성하는 것이다"(같은 책, 96n쪽).

다음 질문은 인과적 필연성의 본질에 대한 흄의 진술이 '원인'이라는 단어의 실제 사용에 어느 정도 부합하는가다. 하나의 대상에 다른 대상이 계속해서 뒤따라서 하나를 인지하면 다른 하나를 자신 있게 기대할 수 있는 경우는 무수히 많다. 흄에 따르면, 우리는 첫 번째를 두 번째의 원인이라고 불러야 한다. 과연 그런가?

'대상'의 의미를 넓게 봤을 때, 낮은 밤이 계속하여 뒤따르는 대상이다. 아무도 낮 시간이 지나면 곧 밤이 오리라는 것을 의심하지 않는다. '항상적 결합과 필연적인 추론'이 여기에 있다. 그러나 낮이 밤의 원인이라고 할 수 있을까? 그렇지는 않다.

내가 두 개의 이상적인 시계에 관한 예(플루 1982, 490쪽)보다는 이 예를 택한 이유는 우리가 일상 생활에서 **실제로** 말하는 것의 중요성 때문이다. 낮은 밤의 원인이 아니지만 낮과 밤은 인과적으로 연결되어 있다. 밤은 낮을 따르는데, 그것은 지구가 축을 중심으로 회전하기 때문(인과적 의미의 '때문') 이다. 다시 말해, 만약 지구가 자전을 멈춘다면 낮과 밤의 연속은 멈출 것이다.

중요한 것은 바로 이 '만약'이다. 존 스튜어트 밀이 대가다운 솜씨로 간략히 묘사하였듯이, "한 사람이 어떤 음식을 먹고 곧이어 죽었다면, 다시 말해 그것을 먹지 않았으면 죽지 않았을 경우, 사람들은 그 음식을 먹은 것이 그가 사망한 원인이라고 말하게 될 것이다"(밀[1843] 1974, III.v.3). 우리가 X가 Y를 야기한다고 말할 때 우리가 의미하는 바는 **만약** X가 일어나면 Y도 일어난다는 것이고, 설사 X가 실제로 일어나지 않는다고 할지라도 우리는 이런 식으로 말할 수 있다. 설사 지구가 자전을 멈추지 않는다 할지라도 우리는 **만약** 그것이 자전을 멈춘다면 낮과 밤의 연속도 멈출텐데, 하고 말할 수 있는 것이다. 옥스퍼드의 철학자 오스틴(J. L. Austin : 1911~1960)이 사용한 표현을 빌어서 나의 의도를 표현하자면, 인과 관계는 본래 **조건부**(iffy)다.

자, 그런데 "항상성이 필연성의 본질을 형성한다"는 흄의 말은 이를 무시한다. 이 말은 우리가 사건들의 순서를 수동적으로 등록하고 이들이 우리 정신 안에 기대하는 습관을 형성하게 허용함으로써 무엇이 무엇을 야기하는지 알 수 있게 한다는 것을 암시한다. 그러나 수동적으로 사건의 순서를 등록한다고 해서 **만약** 지구가 자전을 멈춘다면 밤과 낮의 연속도 멈출 것이라는 사실을 발견할 수는 없는 일이다(물론 지구가 자전을 **정말로** 멈춘다면 우리는 어떤 것도 등록할 수 없는 입장에 처해지겠지만). 간단히 말해, 무엇이 무엇을 야기하는지 알기 위해서는 단지 수동적으로 사건의 순서를 등록하는 것만으로는 충분하지 않다. 적극적이어야 하며, 가능한 인과적 설명을 생각해야 하며, 이를 시험하기 위한 실험을 고안해야 하며, 실험을 실시하고, 결과로부터 결론을 도출해야 한다. 사건 순서에 대한 수동적 등록이 아닌 이러한 것이 우리가 겪고 있는 현실적인 인과의 실제(practice)다. 또한 이것은 "물체 안에 있는 필연적 연결의 관념이란 정확히 무엇인가?"라는 질문에 대한 흄의 경험주의적 대답이 압축된 그의 '원인' 정의가 제안하지 못하는 실제다.

흄이 인과의 **조건부적** 성격을 수용할 목적으로 이 질문에 대해 내놓은 답변이 제대로 된 답변이 아니라는 사실이 추가로 언급될 필요가 있다. 그는 다음과 같이 적고 있다.

> … 우리는 원인을 다른 대상이 뒤따르는 어떤 대상이라고 정의할 수 있다. 첫 번째 대상과 유사한 모든 대상들에 이어 두 번째 대상과 유사한 모든 대상들이 따라오게 된다. 바꾸어 말하면, 만약 첫 번째 대상이 없었다면 두 번째 대상은 절대로 존재하지 못했을 것이다(흄 [1748] 1975, 76쪽).

이 정의의 앞 부분('바꾸어 말하면' 이전 부분)은 인과 관계에 대한 그의 경험주의적 이론을 표현한 것이다. 뒷부분은 그렇지 않다. 앞 부분은 낮 다음에 항상 밤이 따라오기 때문에 낮을 밤의 원인이라고 부를 수 있다고 제안한다. 뒷부분은 지구의 자전을 낮과 밤의 원인으로 볼 수 있는데, 그 이유는 지구가 자전하지 않으면 낮과 밤의 연속이 존재하지 않을 것이기 때문이다. "물체 안에 있는 필연적 연결의 관념이란 정확히 무엇인가?"라는 질문에 대한 흄의 경험주의적 대답은 유감스럽게도 그에게 두 번째부분을 말할 자격을 부여하지 않는다. 그는 보편적으로 인정되는 것을 자신이 또다시 말하고 있는 것처럼 보이기 위해 이를 자기 멋대로 이용했을 뿐이다. 그런데 앞의 경험주의적 부분도 일반적으로 수용되는 것과는 거리가 멀다. 플루가 말하듯이 "우리는 흄이 제시하고 있는 것이 사실은 '필연성'이란 말의 의미에 대한 어떤 새로운 설명이라기보다는, 오히려 종래에 이해된 것처럼 그 단어가 지시한다고 여겨지는 어떤 대상이 있다는 것을 부인하는 것이라고 아무리 자주 말해도 지나칠 것이 없다"(97쪽).

5. 다시 앤터니 플루에게

플루는 자신의 첫 번째 기고문의 서두에서 내가 나 자신의 의도를 밝힐 때까지는 물리적 결정에 대한 그의 언급을 유보할 것이라고 말한 바 있다. 나는 아직까지 의도를 밝히지 않았다. 그러나 의도를 밝힐 근거는 마련했는데, 구체적으로 인과적 필연성에 대한 철학적 고찰에서 일치 가정의 역할에 관심을 집중시키는 방식으로 말이다. 내가 보기에 일치 가정을 이해하는 것은 물리적 결정론의 독특한 형이상학적 지위를 이해하는 열쇠다. 그리고 이와 같은 이해는 좀더 수용 가능하고 양립 가능한 대안으로 가는 경로가 될 것으로 믿는다.

지금 내 마음속을 맴돌고 있는 질문은 다음과 같은 것들이다. 흄과 마찬가지로 플루도 일치 가정을 세웠는가? 그것을 세움으로 해서 그는 필연성의 관념은 경험에서 나온다는 흄의 견해에 동의하는가? 그는 관련된 경험이 무엇인지에 대해서만 흄과 불일치하는가? 흄은 하나의 대상을 지각하고 나면 항상 뒤따라오는 또 하나의 대상을 생각하는 습관에 의해 결정되는 것이 정신이 경험하는 것이라고 생각했다. 대신에 플루는, 에드워즈가 말했듯이, '할 수 없는 수많은 일들', '선택 여부에 상관없이 존재하는'(91쪽) 수많은 일들이 있다는 사실을 발견하는 경험을 아주 어린 시절에 할 수 있다고 생각하는가?

만일 플루가 흄과 마찬가지로 일치 가정을 세웠고, 또 흄과 마찬가지로 "나는 내가 가진 어떤 관념이 실제적인지 아닌지 어떻게 알 수 있나?"라는 질문에 대해 '경험으로부터'라는 답을 택했다면, 내가 일치 가정을 공개적으로 논의한 것이 그에게 어떤 영향을 주었을까? 나는 이 가정이 무엇인지 명확하게 밝히는 데 성공했는가 아니면 실패했는가? 만약 실패했더라도 놀라운 일이 아닌데, 그 이유는 그것은 매우 심오한 형이상학적 가정이기 때문이다. 요컨대, 나는 우리가 '실로 중대한 불일치' 직전에 처해 있거나, 만약에 꼭 불일치가 아니라면 적어도 상호 이해 부족 상태에 직면해 있다고 생각한다.

2차 논쟁

앤터니 플루

1. 짧지만 분명한 첫 번째 답변

나는 곳프리 베이지가 자신의 두 번째 기고문의 끝에서 제기한 몇 가지 질문들에 대해 짧고 원칙적인 답변을 제시하면서 이 글을 시작할까 한다. 다음으로 그가 그 글의 서두에서 말한 내용을 논의하고, 마지막으로 저 질문들에 대해 좀더 상세히 규명된 응답을 제시하고자 한다. 이렇게 하면 베이지가 멈추었던 바로 그 전략적 약속의 지점에서 토론을 다시 진행할 수 있을 것이다. 이런 문제들에 대해 내가 현재의 결론에 도달한 것은 결코 우연이 아니라 오랫동안 흄에 대해 비판적 연구를 해온 결과라고 믿고 있다. 물론 이 결론들은 '마음씨 좋은 데이비드(le bon David)'의 여러 통찰과 오류들을 참조함으로써 상세히 설명될 수 있겠지만 말이다.

(1) 질문 1 : "흄과 마찬가지로 플루도 일치 가정을 세웠는가?" 그렇다. 확실히 그렇다. 지식을 추구하는 데 진지하고 정직한 사람이라면 어떻게 '모든 우리의 지식'만이 아니라 절대적으로 그리고 무조건적으로 대상에 대한 **모든** 지식이 '대상에 일치해야' 된다고 주장하지 않을 수 있겠는가? 어떤 대상에 대해 무언가를 안다는 것은 그 무언가가 그 대상에 들어맞음(to be true of)을 아는 것이다. '들어맞음'이란 아마도 여기에서는 '일치함(conforming to)'을 의미할 것이다. (이런 주장을 **대상**에 대한 지식에 국한하는 이유는 순수 수학의 논리적으로 필연적인 진리가, 플라톤이 자신의 입장을 피력하는 과정에서 생각했듯이, 이 세상 밖에 있는 특별한 종류의 수학적 대상에 관한 진리인지에 대한 논쟁을 피하기 위해서다.)

(2) 질문 2 : 플루는 이렇게 소박하면서도 근본적인 일치 가정을 세우면서 "필연성의 관념은 경험에서 나온다는 흄의 견해에 동의하는가? 그는 경험이 무엇인지에 대해서만 흄과 불일치하는가?" 다시 한번 대답은 확실히 '그렇다!'다.

여기서 '경험'이라는 핵심 용어가 지니는 결정적으로 다른 두 의미를 구분하는 것이 중요하다. 보통 일상적 의미에서 무언가를 경험했다는 주장은 정신에서 독립된 실재와 직접 접촉했다는 주장과 같다. 그런데 흄은 그 자신과 우리가 외부 세계(External World)와 이렇게 친밀하고도 인지적인 접촉을 할 수 있는 특권을 전혀 갖고 있지 않다는 논쟁에 정식으로 뛰어들고 있다. 따라서 그는 '경험'이라는 단어와 이와 비슷한 의미를 가진 다른 모든 단어들을 자기 자신의 정신 안에서 일어나는 것들 — 말하자면 자신의 내부 세계(Internal World)에 대해서만 사용할 수 있는 것이다.

이 두 가지 의미 사이의 엄청나게 중요한 차이점을 밝히기 위해서 '젖소를 다루어본 적이 있는' 일손을 구하는 농부의 광고에 응하는 철학적으로 매우 세심한 지원자의 안타까운 경우를 생각해보자. 인터뷰에서 이 사람은 여러 차례 젖소에 대한 꿈을 꾸고 많은 젖소 관련 데이터를 가지고 있음에도 불구하고 젖소라는 것이 있다는 것을 알 만한 위치에조차 있지 않았다는 점을 인정한다. 이와 같은 지원자는 무례함에 대한 대가를 치르지 않고 인터뷰에서 탈락하는 것만으로도 다행으로 여겨야 할 것이다.

'경험'이라는 단어에 대한 인위적, 철학적 그리고 논리적으로 사적(私的)인 이해와 그 단어가 지닌 일반적, 일상적 그리고 본질적으로 인지적인 의미 사이에 이렇게 중요한 구분이 있다는 사실을 고려할 때, 우리는 '경험주의'라는 단어에 대해서도 그에 상응하는 두 가지 의미를 구분할 필요가 있겠다. 우선 논리적 경험주의(logical empiricism)에 따르면, 모든 지식은 ─ 혹은 더 정확하게, 모든 우연적 사실에 대한 지식은 ─ 어떤 식으로든지 경험에 관한 것이어야 한다. 만일 '경험'이라는 단어가 일상적 의미로 해석된다면, 논리적 경험주의는 ─ 비록 최후에 남아 있을 중요한 주장이긴 하지만 ─ 필경 진부한 주장이 된다. 그러나 같은 단어가 정신 의존적(mind-dependent)이며 사적인 의미로 해석된다면, 논리적 경험주의는 두고두고 매력적이긴 하지만 궁극적으로는 (아니, 어쩌면 그다지 궁극적이지 않을 수도 있다) 불합리한 것이 되고 만다. 흄의 철학적 경험주의는 물론 두 번째 종류에 속한다. 왜냐하면 흄이 말하는 '관념과 인상' ─ 두 종류의 '정신이 지각하는 것들' ─ 이 (철학적) 경험의 두 종류이기 때문이다. 따라서 내가 "필연성의 관념은 경험으로부터 온다"는 흄의 입장에 동의했을 때 그와 나는 이 핵심 용어를 같은 식으로 해석하고 있지 않다. 그는 필연성의 관념이 도출되는 (사적) 인상을 찾고자 하였다. 나는 내가 실제적 필연성에 대한 경험과 실제적 불가능성에 대한 경험이 모두 친숙하고 정신 독립적(mind-independent) 실재에 대한 경험이라는 점을 발견했다고 믿는다.

(3) 베이지의 세 번째 질문은 내가 발견한 것으로 믿는 경험의 성격에 관한 것이다 : "대신에 플루는 '할 수 없는 수많은 일들', '선택 여부에 상관없이 존재하는' 수많은 일들이 있다는 것을 발견하는 경험을 어린 시절에 할 수 있다고 생각하는가?" 정녕 그렇다. 나는 그것은 아주 어린 시절부터 우리 모두에게 친숙한 경험이라고 믿는다.

(4) 베이지의 마지막 질문은 일치 가정에 관한 것이다. "나는 이 가정이 무엇인지 명확하게 밝히는 데 성공했는가 아니면 실패했는가?"라는 질문은 내가 생각하기에 그의 첫 번째 질문에 대한 나의 반응을 전제로 묻는 것 같다. 나는 주저한다. 나는 처음에는 또다시 긍정적으로 '그렇다!'고 말하고 싶었다. 그러나 만약 나의 이해가 옳다면 이것은 분별력 있는 도전을 받기 어려운 가정이 될 것이라는 생각이 떠올랐다. 누가 이것을 제대로 알아차리고 잘 설명한다고 해서 그 때문에 대단한 인정을 받을 만한 정도의 가정은 아니라고 본다. 그러나 베이지는 반대로 생각하는 것 같다. 첫째, 그는 일치 가정에 관하여 자신이 생각하고 있는 것이 도전 — 정당한 도전은 아닐지라도 분별력은 갖춘 도전 — 을 받을 수 있다고 생각하는 것 같다. 둘째, 일치 가정의 신비를 설명하는 것이 '좀더 수용 가능하고 양립 가능한 대안으로 가는 경로'라는 것이다(147쪽). 내가 곧 탁자 위에 양립 불가능론이라는 패를 내놓을 것이므로, 이 '일치 가정'에 대해 베이지는 더 많은 이야기를 준비해야 할 것이다.

2. 몇 가지 중요한 사항들

스키너의 반인류학적 인간 과학 프로젝트에 대해, 그리고 우리와 스키너 사이의 쟁점이 갖는 중요성에 대해, 베이지와 나는 완전히 동의하고 있다. 그러나 앞으로 더 나아가기 전에 두 가지 사항을 덧붙이고자 한다. 첫째, 스키너는 자신만의 고집스럽고 특이한 '일치 가정'을 가지고 있다. 그것은 모든 과학이 각기 특정 분야에서 사실이라는 것에 모두 일치해야 한다는 것이 아니라, 인간의 본성이 스키너 자신이 고집스럽게 선택한 편협한 프로그램의 성취를 가능케 하는 것이어야 한다는 것이다. "나는 자유가 존재한다는 것을 부인한다. 나는 자유를 부인해야만 한다. 그렇지 않으면 나의 프로그램은 엉터리가 되고 말 것이다." 『월든 투』(스키너 1948)에서 인용한 이 말을 미국의 코미디언 그루초 마르크스(Groucho Marx)의 "엉터리 같이 보이는군. 하지만 오해하진 말게. 그건 엉터리야"라는 표현과 비교해보면 어떨까?

두 번째 사항은 훨씬 덜 흥미로운 또 다른 마르크스[8]의 추종자들에게서 나오는 정치적 자유에의 위협이 얼마나 무서운지를 간파하는 데 누구 못지 않게 논리 정연한 레젝 콜라코프스키(Leszek Kolakowski)[9]에게서 찾아볼 수 있다.

자유가 전체주의와 이 세계에 만연한 관료주의의 연대적 압력에 의해 궁극적으로 파괴되지 않을 것이라는 우리의 소망과 또 그것을 수호하려는 우리의 각오는, 자유에의 열망이 … 역사상 우연히 생겨난 공상도 아니고, 특별한 사회적 조건의 결과나 특이한 경제적 생활

---

8) 옮긴이 주 : 칼 마르크스를 말한다.
9) 옮긴이 주 : 폴란드 출신의 경제사학자, 철학자.

양식의 일시적 부산물도 아니라 ··· 바로 인간됨이라는 고유한 특성
에 뿌리내리고 있다는 우리의 믿음에 달려 있다.

나는 첫 번째 기고문에서 다음과 같이 주장하였다 : "플라톤과
아리스토텔레스를 인간의 본성에 대한 두 경쟁적 전통의 창시자
로 보는 것은 여러 가지 면에서 효과적이다"(67쪽). 이에 대해
베이지는 두 가지 점에서 유보 사항을 제시하고 있는데, 둘 다
꽤 옳은 것 같다. 이제 나도 그 점에 대해서 내 입장을 좀더 자세
히 설명해야겠다. 먼저, 베이지는 이들 두 가지 전통 중 하나에
'플라톤-데카르트적'이라는 표지를 붙이는 것이 오해의 소지가
있다고 말한다. 그러나 그가 내세우는 반대의 이유는 바로 내가
단순히 '플라톤적'보다는 '플라톤-데카르트적'이라고 말하는 이
유이기도 하다. 의식을 비육체적 영혼이 가지고 있는 본질적 특
징으로 파악함으로써, 데카르트는 본래 플라톤에서 유래한 이원
론적 전통에 획기적인 전환을 가져다주었다.

두 번째로, 플라톤이 거의 언제나 철저한 플라톤주의자인 반
면, 아리스토텔레스는 전적으로 아리스토텔레스적인 때가 거의
없었다! 그래서 플라톤과 아리스토텔레스를 대조하는 것이 교육
적으로 유용할 때마다 ─ 너무나 자주 그러하듯 ─ 우리는 아리
스토텔레스 안에 있는 어떤 것이 바로 그런 목적 때문에 다소
에누리될 수밖에 없음을 자주 보게 된다. 현재의 경우에 그 어떤
것이란, 베이지가 지적하는 바와 같이, 비인격적이고도 비개체
적인 존재의 불멸성에 대한 아리스토텔레스의 모순되고 이해가
잘 되지 않는 이론이다.

베이지는 자신의 첫 번째 기고문 제2절에서 플라톤이 최초로
그리고 멋지게 시도한 결정적이고도 근본적인 구분에 대해 상세

하게 설명하였다(18-26쪽 참조). 그 응답으로 나는 베이지가 이 구분을 위해 두 개의 용어인 '행위자 원인'과 '사건 원인'을 도입한 것이 문제가 있다고 지적하였다(75-76쪽). 물론 이들 용어가 치좀이 선호한 '내재적 원인'과 '외재적 원인'보다는 낫다고 인정하긴 했지만 말이다. 내가 반대했던 이유는 — 지금도 반대하지만 — 이러한 용어의 도입이 "'원인'이라는 단어가 가지는 서로 다른 의미들 간의 구분이라기보다는 서로 다른 종류의 야기(causing) 간의 구분이라는 점을 암시할 수밖에 없[기]"(75쪽) 때문이다. 이것이 그 용어의 도입이 암시할 수밖에 없는 것이라는 점은 — 나는 아직도 그렇게 믿고 있다 — 바로 뒤이어 인용한 치좀의 글에서 매우 명확하게 밝혀진다 : "하나의 사건이 … 어떤 다른 사건을 야기할 때 … 우리는 **외재적** 원인의 사례를 가지게 된다고 나는 말할 것이다. 그리고 사건과 구분되는 어떤 **행위자**가 어떤 사건[을] … 야기할 때, 우리는 **내재적** 원인의 사례를 가지게 된다고 말할 것이다"(75쪽).

이 부분에서 나는 계속해서, 두 개의 가능한 원인 — 하나는 인간의 행동이고 다른 하나는 자연적인 발생 — 이 똑같은 결과를 초래할 때 그들은 둘 다 그것을 발생시키고, 둘 다 그 발생을 물리적으로 강제하며, 따라서 '그들은 둘 다 같은 종류의 원인이고 같은 의미의 원인'이라고 주장하였다. 베이지를 어리둥절하게 만든 것은 내가 이어서 말한 부분이다 : "상당히 중요한 차이점과 그에 따른 올바른 구분이 한편으로는 '어떤 행위자가 행동하도록 **야기된다**'고 말하는 것의 의미와 다른 한편으로는 '다른 무언가가 일어나도록 **야기된다**'고 말하는 것의 의미 사이에 존재한다"(76쪽). 잘못된 구분은 '행위자에 **의한 야기**'와 '사건에 **의한 야기**'의 구분이며, 이것이 잘못된 이유는 이렇게 가정된 두 종류의 야기, 이렇게 가정된 '원인'의 두 의미 사이에는 구별되어야 할 차이점이 실제로 없기 때문이다. 올바른 구분이 왜 올바른 구분이냐 하면, 그것이 원인의 실제적인 두 종류와 '원인'의 실제적인 두 의미 — 하나는 필연적으로 물리적 강제를 수반하고, 다른 하나는 같은 필연성을 갖고 강제하려는 성향은 있으나 전자와 유사하게 강제하지는 못한다 — 사이에 성립되는 상당하고 결정적인 차이점을 밝혀내기 때문이다.

그러나 베이지가 한동안 나의 주장으로 인해 혼란을 겪었다는 데 대해서는 별로 유감스럽게 생각하지 않는다. 왜냐하면 그렇지 않았더라면 그가 보지 못하고 지나갔을 뻔한 두 가지 사항이 있기 때문이다. 그 하나는 "사람들이 이따금 성취할 목적을 생각하지 않고도 행동한다"(128쪽)는 것이었다. 여기서 목적은 욕망을 충족하고자 행동하는 목적이 아닌 다른 것으로서, 이러한 행동은 쾌락 추구와 자주 혼동이 되기도 한다. 다른 하나는 동기에 관한 이야기가 종종 부당하게 행위자로 하여금 어쩔 수없이 행동하게 만드는 외부의 힘을 암시한다는 것이었다(128쪽).

베이지는 '일치 가정'이라는 말로써 자신이 의미하고자 하는 바를 보여주기 위해 우리들에게 다음과 같이 생각해보기를 권한다.

색깔의 어휘를 생각해보자. (삶의 방식이 우리와 매우 다른) 어떤 이방 문화에서는 우리가 같은 것으로 보는 색을 두 가지 다른 색으로 부른다고 가정해보자. 예를 들어, 에스키모인들은 방금 내린 깨끗한 눈을 한 가지 색으로 부르고, 눈 신발을 신지 않은 사람의 무게를 견딜 수 있을 만큼 단단하게 쌓인 눈을 다른 색으로 부르는 반면, 우리는 둘 다 같은 '흰'색으로 부른다(136쪽).

우리가 충분히 숙고한 후에 답해주기를 바라는 베이지의 질문은 다음과 같은 것이다 : "우리가 같은 색으로, 에스키모인들은 서로 다른 두 가지 색으로 부르는 색은 **실제로** 같은 것인가 아니면 다른 것인가? 바꾸어 말하면, 어떤 언어가 옳은가?" 그러나 조금만 생각해보면, 이 경우는 영어나 이누이트어 중에 어느 하나가 옳거나 그르다고 믿을 수 있는 하등의 이유도 제공하지 않는다는 것을 쉽게 알 수 있다. 이것이 명백히 보여주고 있는 바는, 이누이트족이 이제 막 내린 깨끗한 눈과 단단하게 쌓인 눈의 시각적 차이점을 표시하기 위해 사용하는 단어들은 색을 위한 단어가 아니라는 것이다. 확실한 것은, 그것들은 우리들도 역시 식별할 수는 있지만 단지 표현할 단어가 없어서 — 명백한 이유가 있다 — 말하지 못하는 시각상의 차이를 가리키는 단어라는 사실이다.

아마도 나는 베이지가 '일치 가정'으로써 그가 의미하고자 한 바를 파악하는 데 완전히 실패했는지도 모른다. 그러나 한 가지 확실한 것은 지금 제시된 예가 아무것도 해명하는 바가 없다는 사실이다. 왜냐하면 그것은 스스로 치명적이고 잘못된 가정을 구현하고 있으며 또 그로 인해 손상되어 있기 때문이다. 이 가정에 의하면, 우리들은 원어민들이 어떤 경우에 특정한 단어를 사용하거나 사용하지 않는지에 대한 연구에 전혀 의존하지 않고도 어떤 미지의 언어권에서 쓰이는 단어들의 의미를 알 수 있다. 이는 마치 난공불락의 권위를 부여받은 '표준 영어-이누이트어 / 이누이트어-영어 사전' — 만일 그런 게 있다면 — 이 하늘에서 내려왔다고 믿는 것과 같다. 원시인들의 합리성이나 비합리성에 대한 최근 논쟁에 참여한 많은 사람들이 실제로 이와 유사한 미신적 가정에 예속되어 있는 것 같다(플루 1976, 제3장).

베이지는 데카르트가 '우리 의지의 자유와 신의 예정을 조화시키는 방법'을 보여주려고 시도한『철학의 원리』제1부 제41절에 대해 언급한다. 그는 매우 정확하게 다음과 같이 논평한다 : "나는 그 절의 내용이 제목에 못 미친다고 생각하거니와, 제목처럼 가능한 것이 실제로 있으리라고 생각하지도 않는다"(130쪽). 이 점에서 베이지와 나의 견해는 완전히 일치한다. 그러나 같은 문제에 대한 흄의 처리 방식에 관해서는 두 가지 이유에서 좀더 정리할 필요가 있겠다. 첫째 이유는 최근까지 모든 사람들이 — 흄 자신부터 시작해서 — 이 문제의 진정한 의미를 놓쳐온 것 같고, 둘째 이유는 이러한 정리가 행위와 필연 사이의 관계 및 관계 결핍에 관련된 근본적인 진실을 드러내는 좋은 방법이 된다는 점이다.

흄은『인간 지성에 대한 탐구』에 나오는 '자유와 필연에 대해'라는 절의 제2부에서 이 문제를 다루고 있다. 그것은『인성론』에서는 제대로 다루어진 적이 없는 논의다. 여기서 흄은 제1부에서 제시된 양립 가능론자의 '화해 프로젝트'가 직면할 만만치 않은 난제들을 최선을 다해 해결하는 척한다. 그런데 그의 이러한 작업은 사실은 적대적 비난의 반동력을 저 책 전체가 목표로 하는 주된 결론을 강화하는 수단으로 교묘하게 뒤집은, 지적 유도(intellectual judo)에 의해 펼쳐진 한 바탕 연습에 불과하다.

인간 행동의 무관심과 우연성을 전과학(prescience)과 화해시키는 것, 또는 절대적인 교리는 옹호하면서 신이 죄의 창조자이지 않게 하는 것은 지금까지 철학이 할 수 있는 모든 힘을 능가하는 것으로 판명되어 왔다. 만일 철학이 자신의 무모함을 자각하고 겸손하게 자신의 진정하고도 적합한 본분인 일상 생활의 탐구로 돌아갈 수 있다면 다행이련만(흄[1748] 1975, VIII.ii, 103쪽).

그러나 이런 특유의 활기 있고 장난기 넘치는 모험은 근본적인 결함을 안고 있다. 매우 조리 있게, 흄은 모든 보상과 처벌은 그와 관련된 당사자들이 바로 그 보상이나 벌을 받게 되는 행동에 대한 원인이라는 사실을 전제해야 한다고 주장한다. 그런데 그다지 조리에 맞지 않게, 흄은 이들의 행동이 성품에 맞아야 한다고 덧붙여 요구하는 것 같다(같은 책, 98쪽). 그러면서 그는 '필연성과 자유에 대한 이 이론에' 대한 반대 이유로 그가 반어적으로(ironically) 제시하였던 것을 기꺼이 받아들인다.

예를 들어 만약 자발적 행동이 그 작용에서 동일한 필연성의 법칙에 종속된다면, 최초의 모든 원인에서부터 모든 인간의 모든 의지 활동에 이르기까지, 미리 예정되고 결정된 필연적 원인들의 사슬이 끊임없이 이어진다고 말할 수 있을 것이다(같은 책, 99쪽).

그래서 신으로 말할 것 같으면, "그는 우리가 성급하게 죄라고 선언하는 인간의 모든 행동을 미리 알고, 정하고, 의도했다. 따라서 우리는 그들이 범죄자가 아니라고 하거나 그 행동들에 대한 책임이 인간이 아닌 신에게 있다고 결론을 내려야 한다"(같은 책, 100쪽).

이 두 가지 선택지 중에서 흄은 첫 번째를 배제하는데, 이러한 판단은 "이러한 구분이 어떤 철학적 이론이나 사색에 의해서도 통제되거나 변경되지 않는 … 인간 정신의 자연스러운 정서에 바탕을 두고 있다"(같은 책, 103쪽)는 철저히 세속적이며 흄 자신의 체질에도 맞는 인본주의적 성향에 근거하고 있다. 따라서 그는 두 번째 선택지를 택한다. 그러나 그것 역시 철학은 "의심, 불확실성, 모순으로 가득 찬 넓고 넓은 바다로 출범하지 않고"(같은 책, 103쪽), 그 자신을 인간 지성이라는 적절한 영역, 인간성과 인간사에 관한 연구에 국한시킨다는, 역시 마찬가지로 자신의 체질에 맞는 세속적 성향에 정당성을 부여하는 것으로 해석된다.

흄의 반어법(反語法)을 인정하는 해석자들조차도 알아차리지 못한 것은 이렇게 가장(假裝)된 반대 이유가 실제로 그리고 필연적으로 흄이 준비할 수 있는 그 어떤 것보다도 강한 의미에서 인과 관계를 해석한다는 것이다. 그리하여, 앞에 나온 문단 외긴 인용문은 다음과 같은 구절로 바로 이어지게 된다.

> 우주 어디에도 우연성, 무관심, 자유는 없다. 우리가 행동할 때, 우리는 동시에 행동 당하고 있다. 모든 의지의 궁극적인 창시자는 바로 이 세계를 만든 창조주인데, 그는 이 거대한 기계에 최초로 작동을 명하였고, 모든 존재들을 각자의 위치에 두어 그곳에서 모든 결과적인 사건이 불가피한 필연에 의해 생겨나게 하였다(같은 책, 99-100쪽).

우리는 '불가피한 필연'이라는 말을 단정적으로 흄의 공식적이면서 변질된 의미로 읽어서는 안 된다. 왜냐하면 자유는 그 자신이 제1부에서 논의한 바와 같이 '필연성의 새로운 의미에서' 필연성과 완전히 양립하기 때문이다. 그러나 이 인용문에서 보면 신적 인과성은 특별히 어떤 대안을 위한 여지를 두지 않고 있다. 그야말로 '자유는 없다'는 것이다. 그렇다면 제1부에서 제시된 화해적 발상의 구체적 적용이라고 간주된 제2부의 내용은 실제로는 그 발상과 일치하지 않는다. 적극적 불가지론자(不可知論者, agnostics)인 흄이 유신론을 황폐화시키고자 마련한 반대 이유가 인과에 대한 자신의 설명이 옳을 경우 스스로 붕괴되어야 한다는 말이다. 아울러 만약 이 설명이 모조리 수용된다면 무신론자들 역시 파멸에서 예외일 수 없다.

중요한 것은 인간적이든 신적이든 간에 행위라는 개념 자체가, 흄이 일종의 철학적 관계인 인과 관계 속에 모조리 집어넣기로 한 '저 끝없이 단순하게 이어지는 결합'이라는 적나라한 사실보다 훨씬 더 많은 것을 포함하고 또 함축하고 있다는 점이다. 주저인『인성론』의 '초록'에서 흄은 생생한 수사법을 동원하여 관념 연합의 원칙들은 "정말로 우리에게는 우주의 접합제다"(흄 [1740] 1978, 662쪽)라고 결론짓는다. 그러나 흄에게 당연하고도 자연스런 귀결은, 인간의 정신과는 무관한 우주 그 자체는 접합제(cement)를 전혀 가지고 있지 않다고, 다시 말해 모든 것은 '전부 느슨하고 분리되어 있다'가 되어야 할 것이다.

그런데, 행하기(doing)는 무언가가 일어나게 만드는 야기하기 (causing)의 일종이다. 그렇다면 흄이 말하는 이와 같은 우주는 아무것도 실제로 행해지는 바가 없는 곳이 될 것이다. 말하자면, 그것들이 없으면 다른 무언가도 일어나지 않는 그런 기본적 행동들은 없다는 것이다. 인간 행위에 의해서나 신에 의해서나 어떤 것도 실제로 불가능하거나 실제로 불가피하게 되어 있는 것은 그 어디에도 없다. 있는 것이라고는 본래 전적으로 느슨하고, 분리되고, 서로 무관한 연속적 사건들의 발생 속에 있는 보편적 규칙성뿐이다.

따라서 흄은 '의심, 불확실성, 모순으로 가득 찬 넓고 넓은 바다로 출범하는 것'에 반대하는 편안한 가르침을 마음껏 펼칠 자격이 없다. 만일 신학자들이 원인의 필연성에 대한 흄의 환원주의적 재해석을 받아들인다면, 그들은 그들의 신에게 죄악의 궁극적 창시자로서의 책임을 묻지 않아도 될 것이다. 하지만 그렇게 되면 그들은 다른 사람들과 마찬가지로 신이든 인간이든 아무도 어떤 것을 실제로 야기하지 않는다는 받아들이기 힘든 주장을 펼 때만 저 환원주의적 재해석에서 득을 보게 될 것이다. 왜냐하면 엄격한 흄의 우주에는 인간적이든지 신적이든지 불문하고 필연이나 행위가 설 땅이 없기 때문이다.

3. 경험된 실재로서의 행위와 필연

베이지의 두 번째 기고문의 제2절과 제3절은 '흄의 장비'와 '그의 화해 프로젝트에서의 이러한 장비의 사용'을 다루고 있다. 그런데 베이지의 목록에 흄의 통찰과 실수 대부분을 좌우하는 데카르트의 세 가지 전제 — 이에 대해서 나는 다른 곳(플루, 1986)에서 길게 논의한 바 있다 — 가 없는 점이 의아하다. 데카르트의 세 가지 전제는 서로 결탁하여 흄으로 하여금 어떻게 해서 우리가 저 중대하고도 상보적인 개념들을 그들의 지시 대상인 실재에 대한 우리 자신의 생생하고도 직접적인 경험으로부터 획득할 수밖에 없는지를 인식하지 못하게 하기 때문이다.

데카르트는 『방법서설(*Discourse on the Method*)』 제4부 서두에서 세련되고 안정감을 주는 제1~3부의 원만한 내용 전개에 이어 갑자기 거의 모든 것을 파괴해버리는 '의심'이라는 강렬한 폭탄을 일제히 투하한다. 발미(Valmy)의 포격[10]이 인류 역사의 새 장을 열었다고 괴테가 말했던 것과 똑같이, 아래에 소개하는 데카르트의 통렬한 한 문장은 철학의 근대를 열었다고 말할 수 있겠다.

우리의 감각이 때때로 우리를 기만하기 때문에, 나는 감각이 우리로 하여금 존재한다고 상상하게 만드는 어떤 것도 사실과 일치하지 않는다고 가정하고자 했고, 또 추론 과정에서 스스로를 기만하고 오류 추리에 빠지는 사람들이 있는 것으로 보아 … 나도 여느 사람들과 마찬가지로 착오를 범할 수 있다는 판단이 서기 때문에, 나는 이전에 증명의 근거로서 수용했던 모든 것을 거짓이라고 거부하였다.

과연 우리는 우리를 둘러싼 우주의 부속품에 대하여 때때로 (혹은 항상) 판단상의 오류를 범하기 (혹은 범한다는 걸 알기) 때문에, 아마도 우리는 사실 세계에 관해서 어떤 것도 제대로 알지 못할 것이다. 그리고 우리는 추론의 타당성에 관하여 때때로 (혹은 항상) 착오를 범하기 (혹은 범한다는 걸 알기) 때문에, 아마도 우리는 어떤 논변도 타당하다고, 어떤 증명도 참된 것이라고 결코 확인할 수 없을 것이다.

다음으로 데카르트는 홀로 바위처럼 단단한 확실함으로 남아 있는 것을 가려내기에 이른다 : "그러나 곧이어 나는 내가 모든 것이 거짓이라고 생각하는 동안, 바로 이런 생각을 하는 '나'는 아무것도 아닌 게 아니라는 사실을 알아차렸다." 따라서 "'나는 생각한다, 그러므로 나는 존재한다'는 이 진리"는 "너무나 확실

___

10) 옮긴이 주 : 프랑스혁명 이후 국민의회가 장악하고 있던 프랑스를 오스트리아-프로이센 연합군이 침공하였다. 고전을 면치 못하던 혁명군은 1792년 9월 20일 발미 전투에서 가까스로 프로이센 군대를 격퇴하였다.

히 보증된 것이어서 회의주의자들(sceptics)에 의해 제기된 가장 엉뚱한 가설들조차도 이를 흔들 수 없게" 되었다.

데카르트에게 '사고(thought)'라는 단어는 일반적인 의미보다 훨씬 넓은 의미를 공식적으로 가지고 있다는 점을 아는 것이 중요하다. 이 단어는 로댕의 「생각하는 사람」이 하고 있는 활동만이 아니라, 추론을 불가능하게 만들 수 있는 고통을 비롯한 모든 형태의 의식을 즐기거나 즐기지 않는 것까지 망라한다. 이것은 베이지가 자신의 기고문에서 두 차례(31-32, 135쪽)나 인용한 '사고'와 '관념'에 대한 데카르트의 정의에 매우 분명하게 드러나 있다. 데카르트적 사고는 '관념의 새로운 길'을 선언한 로크의 관념이며, 따라서 버클리의 관념이기도 하다. 그것은 흄이 '관념과 인상'으로 나누었던 '정신의 지각'이다. 그 결과 그것은 후세 철학자들에게 특별한 사적 경험(private experience)이 되었다.

"'나는 **생각한다**, 그러므로 나는 **존재한다**'는 이 진리"는 "너무나 확실히 보증된 것이어서 회의주의자들에 의해 제기된 가장 엉뚱한 가설들조차도 이를 흔들 수 없[다]"는 것을 발견한 이후, 그 다음 단계는 '내가 어떤 존재인지 주의 깊게 검토하는' 것이었다. 이러한 검토는 데카르트를 다음과 같은 결론으로 이끌었다.

나는 생각하는 것을 본질 혹은 본성으로 삼는 하나의 실체로서, 내가 존재하기 위해서 어떤 장소도 필요하지 않으며, 어떤 물체에도 의존하지 않기 때문에 이 '나', 즉 내가 나로서 존재하게 하는 영혼은 육체와는 완전히 분리되어 있으며, 설사 육체가 없다 할지라도 이 영혼은 그 존재를 멈추지 않을 것이다.

이제 우리는 이처럼 매혹적으로 제시된 데카르트적 비전에서 세 가지 중요한 요소를 가려낼 수 있게 되었다. 이 요소들은 모두 흄이 '숙고하는 어떤 인간도 의심할 수 없는', '이성의 명백한 지시'로 보았던 가정들로서, 흄은 이러한 노골적인 표현이 특히 두 번째 가정에 어울린다고 생각하였다(흄[1748] 1975, XII.i, 152쪽). 첫 번째는, 어떤 명제든지 그것을 믿을 수 있는 유일하고 충분한 근거는 그 명제를 필연적으로 수반하는 (다른) 명제들이기 때문에, 모든 논변은 연역적이거나 결함이 있거나 둘 중 하나여야 한다는 가정이다. 두 번째는, 우리는 정신에서 독립된 어떤 객관적 실재도 직접 지각할 수 없기 때문에, 우리(모두)는 현상의 베일(Veils of Appearance) 뒤에 영원히 갇혀 있다는 개념이다. 마지막 세 번째는, 우리는 본질적으로 두 번째 가정 아래에서 허용된 제한되고 내부적으로 축적된 경험들에 대한 비물질적 주체이거나, 아니면 심지어 우리들은 그러한 경험들의 집합 이외 아무것도 아니라는 주장 내지는 가정이다.

나는 첫 번째 기고문에서 『인성론』에서 한 문장으로 이루어진 간결하고도 결정적인 문단을 인용한 바 있다. 그것은 "우리가 가끔 힘(power)과 힘의 행사(exercise) 사이에 짓는 구분은 … 근거가 없다"(101쪽)는 주장이었다. 이처럼 매우 단정적인 주장이 부인하고자 하는 것이 무엇인지 그리 분명하지 않다. 오히려 그가 쓴 「재산과 부에 대하여」라는 제목의 에세이를 보면 이 주장에 담긴 의미가 예기치 않은 맥락 안에서 어느 정도 드러남을 알 수 있다. 이 에세이에서 흄은 다음과 같이 주장한다.

… 그리하여 우리가 어떤 행동을 실행하는 힘을, 이를 유지할 매우 강한 동기가 없고 또 동기를 가지기를 거부하는 모든 사람들에게 돌리기 때문에, 힘은 실제적이든 가능적이든 언제나 힘의 **행사**와 관

련이 있다고, 또 어떤 사람이 힘을 행사할 개연성이나 혹은 최소한의 가능성이 있음을 과거 경험으로부터 알았을 때 우리는 그를 능력을 갖춘 사람으로 간주한다고 마땅히 결론 내릴 수 있을 것이다(흄[1741-1777] 1985, 313쪽).

우리는 여기서 또 하나의 매우 중요하면서 근본적인 구분을 필요로 하는데, 그것은 물리적 힘과 정신적 또는 개인적인 힘의 구분이다. 물리적 힘(physical power)은 생명이 없는 대상에 귀속되며, 사실 이런 종류의 힘은, 흄이 역설하듯이 그 힘이 귀속되는 대상들의 실제적 또는 가능적 행동의 측면에서 정의할 수 있다. 이것은 차 브레이크의 마력에 대해 이야기하거나 '핵 장치'라고 알려진 무기의 폭발력에 대해 이야기할 때의 의미와 같은 것이다. 두 번째 힘은 흄이 『인성론』에서 부인하고자 했던 것으로, 개인적 힘(personal power)을 의미한다. 스탈린(J. V. Stalin)이 이른바 '사악한 제국'이라고 묘사된 나라의 모든 국민을 죽이고 살릴 수 있는 권력을 소유했었다고 말하는 것은 이런 의미에서다. 이 양자의 구분을 제대로 하지 못하면 맬더스(Malthus)의 『인구론(*Essay on Population*)』에서 보는 바와 같이 많은 혼란이 초래된다(플루 1984, 제4장 참조. 플루 1978, 제2장과 비교해 볼 것).

이와 같은 개인적 힘을 소유하는 것은, 이 힘이 획득하거나 성취할 수 있는 어떤 것이든 마음대로 가지거나 할 수 있다는 뜻이다. 이러한 개인적 힘을 소유한 사람들은 그들이 무엇을 하기로 선택하든 간에, 엄밀한 의미에서 볼 때, 다른 것을 할 수도 있었다는 점 또한 인정되어야 할 것이다. 이 의미가 무엇인지, 또 흄이 왜 개인적 힘의 적용을 부인했는지 좀더 잘 이해하기 위해서

로크의 『인간지성론』에 나오는 '힘에 대하여(Of Power)'라는 훌륭한 절을 건설적으로 검토할 필요가 있다. 물론 흄은 바로 이 절이 자신이 『인성론』과 『인간 지성에 대한 탐구』 모두에 수록한 '필연적 연관의 관념에 대하여'라는 절에서 비판하고 있는 주된 문건이라는 점을 분명히 밝힌다.

이 비판에서 흄이 로크로 하여금 자신의 입장을 설명할 수 있는 기회를 주지 않는 건 참으로 아쉽다. 로크를 대신해서 흄은 다음과 같이 제안한다 : "우리는 매 순간 내적인 힘을 의식하고 있다고 말해도 좋을 것이다. 우리가 느끼는 동안 우리의 의지의 간단한 명령에 의해 우리는 신체 기관들을 움직이거나 정신의 힘을 감독할 수 있다. … 의지의 이러한 영향력을 우리는 의식을 통해 알고 있다"(흄[1748] 1975, VII.ii, 64쪽). 베이지가 말한 것처럼, 데카르트는 '의지의 행동을 고안함으로써'(132-133쪽. 그리고 31쪽과 베이지의 첫 번째 기고문의 제3절을 비교할 것) 흄이 바라던 바를 제공한 셈이다.

흄의 반론의 요지는 다음 한 문장 안에 들어 있다 : "우리가 관찰하는 이러한 영향력은 기타 모든 자연적 사건들과 마찬가지로 경험에 의해서만 알려질 수 있으며, 그것을 결과와 연결시켜주며 하나를 다른 하나의 틀림없는 결과로 만드는, 원인 안의 어떤 명백한 에너지나 힘으로도 예견될 수 없는 하나의 사실이다"(같은 책, 64-65쪽).

반론 그 자체를 이해하고, 또 제시된 그 답이 왜 결정적이라고 여겨지는지를 이해하기 위해서는, 이러한 도전과 응답 모두가 우리가 언급한 저 세 가지 데카르트적 전제를 당연한 것으로 받아들이고 있다는 점을 인식해야만 한다. 하지만 이러한 인식은 『인성론』에 나오는 '의지'의 정의를 내리는 대목에 지식에 관한 수치스러울 만큼 비일관적이고 대단히 비회의적인 언급이 포함됨으로 인하여 불리한 입장에 처하게 된다 : "내가 말하는 의지는 우리가 의도적으로 우리 신체의 새로운 동작이나 우리 정신의 새로운 지각을 유발할 때 우리가 느끼고 의식하는 내적 인상 이외 아무것도 아니라는 점을 염두에 두기 바란다"(흄[1739] 1978, II.iii, 1, 399쪽).

흄은 즉각 다음과 같은 말을 덧붙여 문제의 인상 — 비물질적 의식 주체가 소유할 수 있다는 일종의 데카르트적 '사고' — 을 거론하는 자신의 의도를 강조한다 : "이 인상은 … [놀랍도다, 놀랍도다!] … 정의하기가 불가능하고, 더 이상 기술할 필요도 없다." 흄의 세 가지 데카르트적 원칙들 가운데 첫 번째와 베이지가 '의지의 행동'의 데카르트적 고안에 관해 쓴 것 모두를 기억하면, 흄이 그와 같은 '사고'의 발생이 그로 인한 결과를 알게 해준다는 주장의 충분한 근거가 되는 것을 허용할 수 없었음이 분명해진다.

이제 로크가 힘의 개념을 어떻게 설명하려 헸는지 우리 스스로 찾아본다고 가정해보자. 틀림없이 그도 똑같은 데카르트적 전제들로 인해 어려움에 처하였다. 그러나 만일 그렇지 않다면, 우리는 로크의 기여가 매우 도움이 되는 내용을 시사하고 있음을 알게 될 것이다. 처음에 그가 하는 말은 흄이 말했던 것과 매우 비슷하다.

최소한 이것은 분명하다고 생각한다. 즉, 우리는 우리 자신에게서 분명히 이러저러한 개별적 행동을 하거나 하지 않도록 요구하거나 명령하는 정신의 기호나 사고에 의해, 우리 정신의 여러 행동들과 우리 신체의 동작들을 시작 혹은 자제하거나, 계속 혹은 종료하는 힘을 발견한다는 것을. 이 힘이 우리가 의지라고 부르는 것이다 ([1690] 1975, II,xxi, 5, 236쪽).

그러나 곧 그것은 다르면서 좀더 나은 이야기로 이어지는데, 그 이야기는 로크가 자신이 좀더 간단하고 근본적인 '행위자' 또는 ─ 물론 동의어로? ─ '선택하는 행위자'라는 말보다는 '자유로운 행위자'라는 말이 무엇을 의미하는지에 대해 상세히 설명하고 있다고 생각한다는 사실 때문에 손상을 입는다. 로크는 이제 힘이 결핍된 경우들을 대조한다.

우리는 우리 자신의 신체 안에 더할 나위 없이 많은 예들을 충분히 가지고 있다. 어떤 사람의 심장이 박동하고 혈액이 순환하는데, 이를 멈출 힘이 그에겐 없기 때문에, 이러한 운동들이 그의 선택에 달려 있지 않다는 점에서 … 그는 **자유로운 행위자**가 아니다. 경련이 그의 다리를 떨게 만들고, 그가 그렇게 많이 떨지 않도록 의도할지라도 그는 다리의 움직임을 멈출 수가 없고, 그래서 계속 춤을 추는 것 이외 딴 방법이 없다(무도병이라는 괴상한 질병에 걸린 것처럼). 그는 … 마치 떨어지는 돌이나 라켓에 맞은 테니스 공처럼 운동이라는 필연성의 지배 하에 있다. … 다른 한편으로는, 경증 마비와 무감각이 그의 다리를 방해한다 … (같은 책, II.xxi. 7 & 11, 237, 239쪽).

나는 로크가 이 독창적인 구절에서 적어도 '(개인적) 힘'뿐만 아니라 '(선택하는) 행위자', '(실제적) 필연성' 혹은 '그들이 실제로 하는 것과 (강한 의미에서) 달리 할 수 있다'와 같은 다른 주요 용어와 표현들에 대한 명시적 정의를 제공하는 것이 가능하며 또 그 방법은 무엇인지에 대해 그의 생각을 제시했다고 ─ 입증했다고 하기엔 너무 관대한 처사가 되겠지만 ─ 주장하고자 한다. 아울러 (강제되지 않은) 선택 같은 것은 없다고, 혹은 (실제적) 필연성과 같은 것은 없다고 일관되게 (아는 것은 고사하고) 주장할 수 있는 사람은 아무 데도 없는 것 같다. 왜냐하면 선택과 필연성은 서로 반대되는 것으로, 그 중 어느 것도 오직 자신과 상대방 둘 다의 실제 표본을 지적함으로써만 설명될 수 있는 종류인 것 같기 때문이다. 따라서 누군가 이 둘 중 하나의 개념을 이해할 수 있다면 두 개념들이 각각 가리키는 두 가지 종류의 실제 표본 모두에 익숙해져 있음이 틀림없다.

앞 문단에는 우리의 관심사인 주요 개념들의 모음(collection)에 대한 두 가지 주장, 즉 강한 논제와 약한 논제가 담겨 있다. 약한 논제는 이런 모음의 모든 멤버들 — 이들은 다양한 필연적 수반(entailments) 및 양립 불가능성에 의해 연결되어 있다 — 은 보편적으로 친숙한 경험의 종류를 언급함으로써 명시적으로 정의될 수 있다는 주장이다. 강한 논제는 이들 개념들은 이러한 종류의 경험을 즐겨보았거나 겪어본 적이 전혀 없는 사람들에 의해서는 설명되거나 획득될 수 없다는 주장이다. ('경험'이라는 단어는 물론 여기에서는 순전히 사변적이고 난해한 의미에서보다는 항상 그리고 오직 일상적이고 통속적인 의미에서 사용된다.)

사례의 특성상 내가 말한 강한 논제를 옹호하는 논변은 부정적일 수밖에 없다. 무장을 단단히 하긴 했지만 그 논제의 주장에 따르면 도저히 불가능한 작업을 시도하려다 실패한 경우들을 거론하기 때문이다. 누가 보아도 무장은 최고로 잘 되었지만 가장 인상적인 실패를 하고만 경우가 **흄**이라는 데에는 의심의 여지가 없다. 외부 세계의 경험에 호소하기를 거부했던 그는 자신의 내부 세계에서 행위자의 힘, 실제적인 필연성, 실제적인 불가능의 개념에 상응하는 어떤 대상도 찾을 수 없었다. 따라서 만약 누군가가 나의 강한 논제를 반박하고자 한다면, 스스로 이러한 개념들을 설명하고 정당화하는 대안을 개발함으로써 논제의 잘못을 보여줘야 할 것이다. 미주리 출신 사람처럼, 나의 능력을 보여줘야만 한다!

약한 논제를 옹호하는 논변이 어떻게 나아가야 하는지 보여주기 위해, 우리는 로크의 관념이나 흄의 '정신의 지각'에서 시작하는 것이 아니라 신체의 움직임에서 시작해야 할 것이다. 의지에 따라 시작되거나 억제될 수 있는 것들을 '능동적 움직임(movings)'이라고 부르고 그럴 수 없는 것들은 '단순한 움직임(movements)'이라고 부르자. (이러한 표현들은 일상 용법의 분위기에 거슬린다기보다는 오히려 잘 어울린다는 장점을 갖고 있다.) 물론 양자의 경계선상에 있는 것들도 많이 있을 것이다. 그럼에도 불구하고 한쪽이나 다른 쪽에 확실하게 해당되는 경우가 훨씬 많기 때문에, 우리는 인간적으로 중요한 구분을 고수하는 것이 방해받지 않도록 예외의 경우들이 있다는 어떠한 호소와 견제도 단호하고 완강하게 거부하여야 한다.

이제 논의를 좀더 명료하게 하기 위해 잠시 동안 순수한 정신적 활동 — 정신적 이미지를 떠올리는 것과 같은 — 을 무시하고, 행위자가 움직이기를 선택하는 경우와 움직이지 **않기를** 선택하는 경우 사이의 구분도 하지 말도록 하자. 그러면 행동의 개념, 선택의 개념 그리고 (강한 의미에서) 달리 어떻게 할 수 있음의 개념은, 앞에서 말한 단순화된 가정들을 놓고 보았을 때, 모든 행동이 포함해야 하는 것, 즉 수동적 움직임과는 구분되는 능동적 움직임과의 관련 속에서만 설명될 수 있고 또 설명되어야 한다는 점을 이해하기가 쉬워질 것이다. 베이지는 그의 두 번째 기고문에서 다음과 같이 스키너의 주장을 반박했다 : "무언가를 하는 ('무언가를 한다'는 것은 침 흘리기와 같은 반사 작용은 해당되지 않는다) 행위자 … 가 없다면 '조건 형성'을 통해 '강화'되는 행동도 없을 것이다"(124쪽). 나의 용어로 보면 조건 반응은 단순한 움직임인 반면, 무언가를 한다는 것은 능동적 움직임을 수반하는 것이다. 스키너의 프로그램이 비과학적이라기보다 차라리 반과학적인 이유는 그것이 그로 하여금, 너무나 친숙한 어떤 것이면서 동시에 너무나 그릇되게 불린 '조건 행동'과는 근본적으로 다른, 행위의 실재(reality of agency)를 부인하게 만들었기 때문이다.

아울러, 능동적 움직임과 단순한 움직임 사이의 이러한 차이를 이해하고 나면, 우리 모두는 행위자로서 '실제적 필연성' 및 그와 상보적 관계에 있는 '실제적 불가능성' 양자와 항상 직면하면서 살아간다는 점 또한 — 이번에는 단순화된 가정 따위는 없어도 된다 — 쉽게 이해할 수 있을 것이다. 우리는 이런 경험을 우리가 무언가를 발생하게 만들고, 그리하여 그것이 발생하지 않는 것이 불가능하도록 만들 때마다 늘 하고 있다.

베이지는 같은 기고문에서 "'할 수 있다'는 구조적으로 '조건부'다"(145쪽)라는 오스틴의 주장에 대해서도 언급한다. 베이지는 계속하여 『인간 지성에 대한 탐구』에 나오는 악명 높은 한 구절을 인용한다(146쪽). 분명히 우리는 오직 "모든 '이것들' 다음에 '저것들'이 따라왔었고, 따라오고 있고, 따라올 것이다"만을 — 적나라한 사실로서 — 말하는 전제로부터 "실제로 그렇지는 않았지만, 만약 이런저런 경우에 이것이 일어났다면, 저것이 따라서 일어날 수도 있었을 것이다"와 같은 어떠한 가정법적, 반사실적 조건문도 타당하게 도출할 수 없다. 마찬가지로 분명한 것은 법칙 명제들 — 자연 법칙에 대한 진술과 물리적 원인에 대한 진술 모두를 포괄하는 집합 — 은 반사실적 조건문들을 실지로 갖추고 있다는 것을 그 특징으로 한다는 사실이다. 추상적인 하늘에서 구체적인 지상으로 내려와 하나의 쉬운 예를 들자면, 만약 내가 문제의 원인이 탱크에 기름이 없었기 때문이라고 말한다면 나의 이 진술은, 다른 모든 조건들이 같다고 했을 때, 탱크에 기름이 채워졌더라면 기계가 작동하기 시작했을 것이라는 뜻이다.

이와 같은 추론이 법칙 명제로부터 타당하게 나올 수 있는 이유는 바로 법칙 명제가 실제적 필연성과 실제적 불가능성을 주장하고 있다는 점 그것뿐이다. 만약 법칙 명제가 옳다면, 이것이 있어야 한다면 저것이 그 뒤를 따를 것이라는 점을, 법칙 명제 자체가 저것이 따르지 않는 이것의 **불가능성**을 주장하고 있다는 바로 그 이유로 인해 우리는 알고 있다. 반사실적 조건이라는 관념은 따라서 논리적 필연적 결합에 의해 실제적 필연성과 실제적 불가능의 관념들과 연결되어 있다. 물론 이것은 우리가 파악하기 쉬운 관념이며, 그 이유가 무엇인지는 분명하다. 결국 우리는 언제나 현존하는 가능성과 우리가 실지로 하는 것과는 다르게 할 힘에 친숙한 행위자이기 때문이다. 우리가 현재와 달리 개인적인 힘을 소유한 행위자가 아니고 따라서 실제의 대안적 가능성들과 결코 마주치지 않는 피조물이라고 가정해보자. 그렇다면 우리는 어떻게 반사실적 조건의 개념 또는 기타 모든 다른 개념들을 이해할 수 있겠는가? (올바른 언어 용법의 가능성은 올바르지 못한 언어 용법의 가능성을 전제로 하지 않는가?)

내가 주장하는 것처럼 이 모든 밀접하게 연결된 중요한 개념들이 다양한 대상들에 대한 친숙한 경험에 의해서만 획득될 수 있다고 하자. 그렇다면 왜 흄 — 길버트 라일이 그를 묘사할 때

즐겨 쓴 표현처럼, 잘 속지 않는 흄은 — 은 이렇게 적법한 자료들을 발견하는 데 실패하였는가? '필연적 연결의 관념'의 기원이라고 생각한 인상을 찾는 데 흄이 가진 최우선의 관심은 "만일 우리가 선험적으로 추론을 하면, 어떤 것은 다른 어떤 것을 산출할 수 있는 것처럼 보일 것이다"(흄[1748] 1975, XII,iii, 164쪽)라는 통찰을 옹호하는 것이었다. 따라서 흄은 결코 '필연성'의 두 번째 의미, 두 번째 종류의 필연성의 가능성을 명확히 인정하지 않았다. 두 번째로, 흄의 탐구는 전체적으로 세 가지 데카르트적 전제에 의해 제공된 틀 안에서 이루어졌다. 따라서 마치 자신이 순수한 사적 경험을 하는 비물질적 주체인 양 행동하려고 했던 그는 구체적이고 실제적이지 않은 필연적 연결의 관념의 원천이 될 수 있는 인상을 찾는다. 그리고 자신의 세 가지 데카르트적 원칙 가운데 첫 번째 원칙에 호소하는 순간, 탐구에 회부된 몇 안 되는 후보들은 바로 모두 부적격으로 판명된다. 왜냐하면 어떤 특정한 인상 후보를 가지게 되면, 그것의 실제적 결과로 믿어지는 것과는 다른 어떤 것이 실제로 발생할 수 있다고 항상 생각할 수 있기 때문이다.

비록 사실적이지만 자신의 원칙에는 맞지 않게 흄이 때때로 능동적 탐구에 의해서만 알려질 수 있었던 발견들에 대해 넌지시 언급을 하기는 하지만, 인과에 대한 그의 공식적인 관점은 자동력을 상실한 비물질적 관찰자의 관점이다. 그래서 우리는 『인성론』에서 다음과 같은 구절을 읽을 수 있다.

비록 힘의 관념을 불러일으키는 몇 가지 유사한 사례들이 서로 영향을 미치지 않고 그 관념의 원형이 될 수 있는 대상 속에 어떤 새로운 성질을 전혀 산출할 수 없다고 할지라도, 이 유사성의 관찰은 정신 속에 힘이라는 관념의 실제 원형인 새로운 인상을 산출한다. … 왜냐하면, 우리가 수많은 사례를 통해 유사성을 관찰한 다음에는, 정신이 하나의 대상에서 언제나 그 대상을 수반하는 것으로 옮겨가기로 결정하는 것을 즉각 느끼기 때문이다. … 이 사례들은 본래 서로 아주 분리되어 있으며, 그것들을 **관찰하는** 정신 이외 어디서도 합일되지 않는다. … 필연성은 따라서 이러한 **관찰**의 결과다. … ([1739] 1978, I,iii.14, 164-165쪽. 마지막 세 개의 고딕 활자는 플루가 강조한 것임).

따라서, 흄이 그 결과를 좋아하든 안 하든 간에 그로 하여금 행위와 행위자의 힘을 부인하도록 한 것은 데카르트의 세 가지 전제들, 그 중에서도 특히 세 번째 전제다. '**무관심의 자유**'라는 특별한 관념의 근원과 관련하여 그가 가장 마지막에 마주치게 된 것은 '쓸데없이 이런 문제에 관심을 기울인 종교'(같은 책, II.iii.2, 409쪽)였다. 어쨌든 흄은 그것이 '필연성과 원인의 부정을 의미하기'(같은 책, 407쪽) 때문에 유사 개념이거나 실제 대상이 없는 개념임에 틀림없다고 주장한다.

4. 양립 불가능론이 일으킨 물의

'무관심의 자유'가 행위자들이 어떤 일을 실제로 하는 것과는 달리 할 수 있는 힘을 지칭하는 한, 그것은 '필연성과 원인의 부정을 의미한다'는 흄의 주장은 분명히 옳다. 그 힘을 역설하는 것은 행위자가 어떤 의미에서 행위에 강제되어 있다고 주장하는 것과 명백히 모순되기 때문이다. 베이지는 자신의 첫 번째 기고문의 제6절 끝에서 워녹을 두 번씩이나 인용하며 다음과 같이 의견을 말한다 : "요컨대 워녹이 제시한 대답에 따르면, 만약 물리적 결정론이 옳다면 '행위자 원인'의 개념은 그것이 가지고 있다고 내가 생각한 '적절한 적용' 같은 것을 조금도 가지고 있지 않다"(62쪽).

나는 지금까지 전개된 다양한 설명과 구분을 활용해서 제3절의 결과를 정리하고자 한다. 제3절의 논의는 보편적-물리적 결정론의 논제가 자신의 행위 경험을 통해서 이러한 결정론이 거짓임을 알 수 있는 이유가 없는 사람들조차도 이해하기 어렵다는 것을 암시하는 정도가 아니라 확실하게 보여주고 있다. 왜냐하면 행동은 물리적 원인을 가지지 않는 것이 아니라 가질 수 없기 때문에, 우리는 그 논제가 인간 행동에 단지 들어맞지 않는 것이 아니라 맞을 수가 없다는 것을 알기 때문이다. 비록 행위의 범위가 사람에 따라 시간에 따라 다르기는 하지만, 우리가 참으로 행위자라는 사실은 우리의 일상적 경험에서 확인할 수 있고 또 확인할 수밖에 없는 진실이다. 바로 이러한 이해를 통해, 콜라코프스키가 묘사하듯 "우리의 소망 … 자유를 향한 열망 … 은 바로 인간됨이라는 고유한 특성에 뿌리내리고 있다."

나는 먼저 진실의 승리를 위해 전력을 다해 반대 주장들에 대처할 기회를 베이지에게 준 다음, 스키너와 데이빗슨 및 다른 사람들에게 걸림돌로 보이는 것들을 해결하고자 한다.

또 하나의 양립 가능론

곳프리 베이지

1. 불일치

앤터니 플루와 나는 많은 부분에서 의견을 같이하고, 의견을 같이할 때는 보통 그렇다고 서로 말하는 편이다. 따라서 의견의 불일치가 생기면 금방 드러나게 된다. 우리는 "모든 인간의 지식은 대상과 일치해야 한다"(칸트)는 가정에 대하여 서로 다른 의견을 가지고 있다. 플루에게 이것은 '분별력 있는 도전을 받기 어려운 가정'이거나, 아니면 내가 제대로 설명하지 못한 가정인 것 같다. 나는 색을 나타내는 두 가지 어휘의 경우(우리의 언어에서는 두 가지 눈을 같은 색깔로 표현하는 데 반해 다른 언어에서는 같은 색깔이 아니라는 것)와, 우리는 우리의 색 어휘가 옳다고 가정한다는 점을 들어 이를 설명하려 했다. 그러나 플루는 다른 지역 사람들이 사용하는 단어는 실제로는 색깔 단어가 아니라는 증거를 들어 나의 설명을 다른 형태의 삶, 색깔 어휘의 차이성이라는 측면에서 해석했다. 간략하게 말하면, 일치 가정을 위해 제시된 예가 나와 플루를 전혀 다른 곳으로 데려다놓은 셈이다. 그렇다면 플루가 인정할 수 있도록 일치 가정의 좀더 확실한 예를 제시할 필요가 있겠다. 아래 제4절에서 그렇게 하고자 한다.

그러나 먼저, 우리의 첫 기고문에서부터 해결되지 않고 남아 있는 중대한 불일치점 한 가지와 제2차 논쟁에서 부상된 중요한 일치점 한 가지에 주목하고자 한다. 나는 플라톤이 『티마이오스』(46c-48a)에서 말한 서로 다른 두 가지 종류의 원인 ─ 한편으로는 '정신을 가지고 태어났으며 공정하고 좋은 일을 하는 것들', 다른 한편에는 불과 물, 흙과 공기와 같이 '다른 것들에 의해 움직이면서 동시에 다른 것들을 움직여야만 하는 것들' ─ 을 받아들이는 데 우리 두 사람이 일치된 견해를 가지고 있다고 생각했다. 그러나 나는 일부 현대 철학자들이 플라톤과 비슷하게 구분 지은 '행위자 원인'과 '사건 원인'을 받아들이면서 논의를 전개한 반면, 플루는 그렇게 하지 않았다. 플루는 그의 두 번째 기고문에서 "'행위자에 **의한** 야기'와 '사건에 **의한** 야기' 사이의 구분은 잘못되었으며 그 이유는 이렇게 가정된 두 종류의 야기 사이에는 구별되어야 할 차이점이 실제로 없기 때문"(155-156쪽)이라고 말한다. 나는 이 점에 대해서 플루에 동의할 수 없다. 나는 이 두 가지 야기 사이에는 중요한 차이점 ─ 나의 첫 번째 기고문 제2절에서 열거한 대로 ─ 이 있다고 생각한다. 예를 들어, 원인이 되는 사건(causing event)은 그 자체가 야기되는 것이고, 또 만약 그것이 다른 사건에 의해 야기된다면 그 사건 또한 야기되는 것으로, 이렇게 끊임없이 야기가 이어지는 데 반해, 행위자는 움직임을 시작하는 사람이기 때문에 움직이거나 움직이지 않을 자유가 있다. 이러한 차이점을 인정하는 것은 내가 자유와 필연성이라는 주제에 접근하는 데 매우 중요하다.

나는 우리의 불일치가 일종의 오해에서 비롯되었음이 틀림없다고 생각하지만, 그것이 어떤 종류의 오해인지는 확실히 모르겠다. 아마도, 플루는 (a) "브라운(행위자)은 그의 팔이 올라가도록 야기했다"는 나의 표현을 (b) "브라운이 한 무언가가 그의 팔이 올라가도록 야기했다"는 의미로 오해한 것 같다. 이것은 우리들의 불일치에 적절한 설명이 되는 것 같다. (b)의 '야기했다'와 (c) "브라운의 팔에 부착된 끈의 단축(사건)이 그의 팔이 올라가도록 야기했다"에서의 '야기했다' 사이에는 아무런 차이가 없다. 그러나 내가 보기에는 (a)가 (c)로 동화되어버리면 '기본적 행동'의 부인, 따라서 행위의 부인이 필연적으로 수반된다.

우리의 두 번째 조우에서 부상된 중요한 일치점은 "X가 Y를 야기한다"는 표현의 의미에 관한 것이다. 플루와 나는 '항상적 결합과 그에 따른 추론'에 관한 흄의 분석을 거부하는 데 동의한다. 그리고 우리는 우리가 인과 관계에 관해 말할 때 '만약'이라는 단어를 사용하는 데 동의한다. 이제, 흄은 자신이 내린 '원인'에 대한 여러 정의들 중 하나에서 '만약'이라는 단어를 사용하였다. ("우리는 원인을 다른 대상이 뒤따르는 어떤 대상이라고 정의할 수 있다. … 만약 첫 번째 대상이 없었다면 두 번째 대상은 절대로 존재하지 못했을 것이다.") 그러나 플루가 잘 밝히고 있듯이, 이것은 '경험'을 데카르트 식으로 이해하고 있는 경험주의자인 그(흄)에게 어울리는 정의가 아니다.

2. 사고-의미화 가정의 대체

플루와 나는 흄이 자신의 화해 프로젝트에 사용한 장비 — 여러 가지 가정들 — 에 대해 서로 다른 설명을 한다. 이유는 분명하다. 우리의 설명은 우리가, 흄에 대항해서 옳다고 생각하는 것에 맞추어져 있기 때문이다. 플루는 우리가 어떻게 해서 인과적 필연성의 관념을 얻게 되었는가에 대한 조나단 에드워즈의 경험주의적이지만 데카르트적이지는 않은 설명이 옳다고 생각하기에, 흄의 경험주의적 설명에 나타난 데카르트적 전제들을 강조한다. 나는 사고-의미화 가정과 일치 가정을 강조하는데, 그 이유는 내가 생각하는 것이 옳기 때문이다. 이제 그것이 무엇인지 말해야겠다. 구체적으로 말해, 나는 무엇이 사고-의미화 가정을 대체할 수 있다고 생각하는가? 그리고 나는 무엇이 일치 가정을 대체할 수 있다고 생각하는가? 먼저 사고-의미화 가정부터 시작해보자.

사고-의미화 가정이란, 어떤 말의 의미를 이야기하는 것은 어떤 사고, 다시 말해 '우리가 즉시 자각할 수 있도록 우리 안에 있는'(데카르트) 어떤 것을 이야기하는 것이라는 가정이다. 이 가정은 의사 소통 이론을 위한 분명한 함의를 가지고 있다. 이제 흄은 하틀리 그리고 부자지간인 두 명의 밀의 추종을 받으며, 중력이 물체의 운동에 작용하듯이 연합이 정신의 활동에 작용한다는 견해에 지지를 표명한다. 불가피하게, 연합의 개념은 의사 소통을 위해 사고-의미화 가정의 함의를 이끌어내려는 사람들에 의해 이용되었다. 그들은 의사 소통에는 화자가 자신의 관념을 단어로 옮기는 일이 포함되며, 청자가 올바른 관념 — 즉, 화자의 관념에 상응하는 자신의 관념 — 을 그가 듣는 단어와 연결하면 소통이 성공적으로 마무리된다고 결론짓는다. 단어들은 우리에게 텔레파시의 능력이 없다는 단 하나의 이유 때문에 필요하다. 우리는 다른 사람의 관념을 직접 알 수 없다.

이러한 의사 소통 이론은 19세기에 일반적인 것이었다. 예를 들어보자.

우리가 가진 일련의 사고를 다른 사람의 사고와 소통하기 위해서, 또 우리 자신의 편의를 위해 지나간 과거의 사고를 그것을 구성하는 관념들이 실제로 발생한 순서에 따라 기록하고 이용하기 위해서, 식별 가능한 기호나 부호의 사용이 절대적으로 필요하다는 것이 밝혀졌다. 정신은 정신에 대해 직접적으로 작용할 수 없다. 각 개인은 시각 및 청각 기호들을 고안하여 사용할 수 있을 뿐이다. 이 기호들은 다른 사람의 감각에 자신들을 새기고, 미리 결정된 연상을 활용하여 그의 정신 속에 관념들을 특정한 순서에 따라 불러내고, 그와 동시에 그에게 그 관념들이 그 자신의 정신 속에 지나가고 있다거나 어떤 과거의 시간에 지나갔다는 것을 알려준다(보우어 1881, 46쪽).

19세기에 등장한 이 이론은 20세기까지 살아남아 있다(예를 들어, 카츠 1966, 98, 103쪽 ; 스타이너 1975, 47, 197-198, 294쪽을 보라). 이를 '의미의 번역 이론'이라고 부른 오코너(D. J. O'Conner)의 뒤를 이어, 조나단 베넷(Jonathan Bennett)은 이를 '언어의 번역 관점'이라고 불렀으며, 파킨슨(G. H. R. Parkinson)은 '이해의 번역 이론'이라고 불렀다. 베넷과 파킨슨 모두 이 이론을 루드비히 비트겐슈타인(Ludwig Wittgenstein : 1889~1951)이 그의 후기 저서, 특히 『청갈색 책(*The Blue and Brown Books*)』(1958,

2-3쪽)에서 의미에 대해 언급한 것과 대조한다. 비트겐슈타인의 의미관은 내 생각에 사고-의미화 가정을 대체할 수 있는 견해다.

비트겐슈타인은 나중에 '청색 책'이라고 불리게 된 것을 1933~1934년에 개설된 케임브리지대의 한 철학 강의에서 구술하였다. 그것은 "단어의 의미란 무엇인가?"라는 질문으로 시작한다. 이 질문에 대한 그의 답은 1944년에 존 위즈덤(John Wisdom)에 의해서 "의미를 묻지 말고 용법을 물어라"는 권고로 기억하기 쉽게 요약되었다.

> 마침내 비트겐슈타인이 입을 열었고, 그 문제는 "의미 [분석]을 묻지 말고 용법을 물어라"는 기록으로 간단히 압축되었다. 의미가 아닌 표현 방식의 변형을 물으라는 것이다 — 이를테면 다음과 같은 변형을 말이다 : "X가 'S는 P다'라고 말할 때 그는 일반적 명제를 주장하고 있다"는 "X가 'S는 P다'라고 말할 때 그는 'S는 P다'라는 문장을 일반적으로 사용하고 있다"를 의미한다 … (위즈덤 1953, 117쪽).

이것은 다시 "'원인'이라는 단어의 의미는 무엇인가?"라는 질문에 대한 비트겐슈타인적 혹은 반경험주의적 대답을 제시하는 데 차용될 수 있다. 다음과 같이 말이다.

> 마침내 비트겐슈타인이 입을 열었고, 그 문제는 "'원인'[경험에서 생긴 어떤 관념]이라는 단어의 의미를 묻지 말고 용법을 물어라"는 기록으로 간단히 압축되었다. 의미가 아닌 표현 방식의 변형을 물으라는 것이다 — 이를테면 다음과 같은 변형을 말이다 : "X가 'S는 P다'(예컨대, '유리는 부서지기 쉽다')라고 말할 때 그는 인과적 명제를 주장하고 있다"는 "X가 'S는 P다'라고 말할 때 그는 'S는 P다'라는 문장을 일종의 가언적 명제('만약 유리가 충격을 받으면 그것은

부서질 것이다')를 뜻하는 것으로서 사용하고 있다"를 의미한다.

물론 이렇게 한다고 해서 그 문제가 해결되지는 않는다. 내 생
각에 플루는 방금 언급된 인과적 명제에 대한 기술 방식에 찬성
할 것이다. 그러나 여전히 그는 조나단 에드워즈 식의 경험주의
를 지지하고 있다. 왜 그럴까? 나는 확신컨대 그것이 플루가 우
리들이 특정한 문장 군(群)을 사용(예컨대, 인과적 문장들을 가
언적 명제를 의미하는 데 사용함)하기 위해서는 그것을 정당화
시켜주는 모종의 경험이 필요하다고 생각하며, 또 그 경험이 무
엇인지에 대한 답을 에드워즈가 가지고 있다고 생각하기 때문이
라고 생각한다. 다시 말해, 그는 이러한 정당화 작업이 없이는
우리는 그 용도에 일치하는 어떤 실재가 있다고 생각할 하등의
이유도 가지지 못한다고 생각하고 있는 것이다. 요컨대, 내가 보
기에 플루는 나에게 설명을 요구했던 그 가정, 즉 일치 가정을
스스로 세우고 있는 것 같다.

3. 일치 가정의 대체

일치 가정의 대안으로 가장 잘 알려진 것은 칸트의 '초월적 관
념론'이다. 칸트는 우리가 "경험은 항상 객관적 실재의 증거로
사용될 수 있다"(칸트[1787] 1933, A.84, B.116)는 이유에서 사용
을 정당화한 경험적 개념과 선험적 개념, 즉 "감성의 형식으로서
의 공간 및 시간의 개념과 오성의 개념으로서의 범주"를 구별하
였다(같은 책, A.86, B.118). 그는 우리가 개념을 사용할 권리의

증명('연역')을 필요로 한다는 점에서는 흄과 견해를 같이하였으나, 인과 관계와 같은 선험적(a priori) 개념에 필요한 연역이 어떤 종류인가 하는 점에서는 흄과 다른 견해를 보였다. 흄은 "우리의 모든 지식은 대상에 일치해야 한다고 가정"하였던 반면, 칸트는 "만일 대상이 우리 지식에 일치해야 한다고 우리가 가정한다면, 우리가 형이상학의 과업에서 더 이상의 성공을 바라볼 수 없는지 시험해"(같은 책, B.xvi)볼 것을 제안하였다. 이러한 추측을 기반으로 한 연역이 바로 칸트가 말한 '초월적'이라는 것이다. 선험적 개념에 대해서 경험적 연역을 시도하는 것은 '전적으로 헛된 수고'가 될 것이라고 그는 말하였다(A.85, B.118).

지면 관계상 초월적 연역이 무엇인지에 대해서는 설명하지 않겠다. 그렇지만 초월적 연역이 아닌 것에 대해서는 한마디 하겠다. 그것은 인과 관계가 객관적으로 실재한다는 것, 즉 인과 관계가 사물들 자체의 세계를 지배하는 것에 대한 증명이 아니다. 하지만 그것은 인과 관계가 현상으로서의 사물 세계를 지배한다는 것에 대한 증명은 될 수 있다.

칸트는 영향력 있는 인물이었지만, 적어도 영국에서는 흄만큼 영향력이 있지 않았다. 위대한 다수의 20세기 영국 철학자들이 일치 가정을 세우고 있다. 그것은 철학자의 과제는 분석하는 것이라는 생각의 바탕에 깔린 논리적 원자론(logical atomism)을 그 배경으로 삼고 있다. 러셀의 논리적 원자론은 로크, 흄, 밀의 전통을 따르는 경험주의적인 것이다. 비트겐슈타인은『논리-철학 논고(*Tractatus Logico-Philosophicus*)』(1922)에서 일치 가정을 세웠다. 그가 그 가정을 만든 것은 경험주의에 관심이 있는 러셀과는 달리 다음과 같은 생각이 떠올라서였다 : (i) 하나의 명제가 무엇을 말하기 위해서는 '실재에 대한 그림'이 되어야 한다

(명제가 그림이 아니라면, 우리는 이전에 접하지 않았던 명제를 이해할 수 없을 것이다). 그리고 (ii) 하나의 명제는 그림이기 때문에 명확한 의미를 가져야 한다. 그림 속에 그려져 있는 것은 불명확한 것에 대한 것일 수 없다. 바로 이것이 『논고』로 하여금 '단순한 대상들'을 요구하게 만든다(비트겐슈타인 1922, 3.23 ; 1969a, 63쪽).

비트겐슈타인은 자신의 후기 철학에서 의미의 명확함이 없는 의미는 있을 수 없다는 생각을 거부하였고, 그와 함께 그림 이론도 거부하였다(비트겐슈타인 1953, I, 91-115, 특히 99절). 그는 『논고』에서 다룬 세계를 포기하였다. 우리들의 일상적 표현 방식은, 우리가 말하는 방식은 실제 있는 그대로의 사실을 묘사한다는 주장에 의해 옹호될 필요가 전혀 없다(같은 책, 402절). 그와 같은 옹호는, 어떤 문장을 검증하는 것을 지시함으로써 그 문장에 정당성을 부여하는 것과 같은 것으로 생각되어 왔지만, 이제는 오히려 언어의 규칙은 자의적이라고 말하는 편이 훨씬 더 나을 것이다(비트겐슈타인 1967, 331절).

칸트와 달리 비트겐슈타인은 경험적 개념과 선험적 개념을 구별하지 않는다. 어떠한 개념도, 심지어 색깔조차도 경험적 연역을 갖지 않는다. "당신이 당신 안에 색깔의 개념을 가지고 있는 것이 당신이 색깔 있는 대상을 보고 있기 — 어떻게 보든지 간에 — 때문이라고 믿지 말라"(같은 책, 332절). 우리의 언어 사용을 위한 정당화는 필요하지 않다. 이러한 관점에서 보면 언어의 규칙은 게임의 규칙과 같다 : "체스의 규칙이 아닌 다른 규칙을 따른다면 당신은 다른 게임을 하고 있는 것이다. 당신이 이러저러한 규칙이 아닌 다른 문법적 규칙을 따른다면, 그것은 당신이 무언가 잘못된 것을 말하고 있음을 의미하는 것이 아니라, 뭔가 다른 것을 말하고 있음을 의미한다"(같은 책, 320절). "나는 이러저러한 것을 하기로 약속한다"고 말하는 경우를 들어보자. "나는 이러저러한 일을 하려고 의도한다"는 말과 달리, 우리는 우리 자신을 도덕적으로 어떤 행위에 위탁하기 위해 이 말을 사용한다. 이러한 사용이 객관적 실재에 일치하는 것일까? 우리는 도덕적 헌신이라는 것이 정말 있다는 것을 확인시켜주는 어떤 경험을 우리가 가지고 있기 때문에 이런 표현을 당당히 사용하는 것일까? "사건 X가 사건 Y를 야기한다"는 말을 사용할 때, 우리는 사건 X가 일어나면 따라서 일어날 어떤 것에 우리 스스로를 헌신한다. 그러나 자연에 필연성이 있다는 것을 우리는 어떻게 아는가? 우리의 언어 사용은, 당연히 주어진 것으로 받아들여져야 하고 또 우리의 언어가 '올바르게'(리스, 1982) 부합되어야 하는 언어 외적인 실재(extra-linguistic reality)에 대해 책임을 지지 않는다. 사고와 실재 간에 존재하는 유일한 올바름, 일치, 동의 또는 조화는 언어로 표현된 참된 사고와 현실 간의 일치에 있다(비트겐슈타인 1953, I, 429절 참조). 언어 그 자체는 어떤 것과도 일치하지 않는다. "우리에게는 수의 체계와 같이 색깔의 체계도 있다. 그 체계는 우리의 본성 안에 존재하는가 아니면 사물들의 본성 안에 존재하는가? 우리는 그것을 어떻게 놓아야 할까? ─ 수나 색깔의 본성 안은 아니다"(비트겐슈타인 1967, 357절). 요약하자면 "언어의 사용은 어떤 의미에서 자율적이다"(같은 책, 320절).

내가 일치 가정을 대체하는 것으로 내세우고자 하는 것은 언어에 관한 이런 관점, 즉 비트겐슈타인이 『논고』에서 주장한 실재론을 포기했을 때 도달한 관점이다.

4. 일치 가정과 결정론

이 논쟁의 두 번째 기고문에서 나는 서로 다른 색깔 언어에 관해서 일치 가정을 설명하고자 했는데, 유감스럽게도 플루에게는 잘 받아들여지지 않았다. 나는 내심 비트겐슈타인이 '청색책'에서 가능한 색깔 언어들에 관해 개진한 긴 논의(1958, 130-141쪽)를 생각하고 있었다. 비트겐슈타인은 "어떤 때는 녹색과 빨간색을 가리키고, 다른 때는 노란색과 파란색을 가리키는 일반적 명칭이 있는 언어(문화)의 용법"과 같은 가상의 예를 들었다(같은 책, 134쪽). 내가 제시한 예는 그러한 가상의 예들과 같은 기능을 가진 자연 언어(natural language)로 의도된 것이었다.

이제 다시 한 번 시도해보겠는데, 이번에는 철학에서 가지고 온 예를 들겠다. '물리적 대상'에 관한 친숙한 철학적 연구의 예다. 그런데 나는 여기서 이전에 내가 구상했던 생각을 다시 끄집어내고자 하는데, 이것은 내가 우연히 비트겐슈타인의 『확실성에 대하여(On Certainty)』(1969b)에서 이와 동일한 생각을 발견하기 꽤 오래 전에 논문(베이지 1954)으로 출판된 바 있다.

"옆방에 탁자가 하나 있다"는 진술을 생각해보자. 이 진술에 대한 두 가지 가능한 용법을 구분하여, 그것을 각각 '현상주의자 용법(phenomenalist use)' 그리고 '물리적 대상 용법(physical object use)'이라고 부르자. 아울러 이 두 용법에 따라서 이 진술을 언급하는 것을 각각 '현상주의자 진술' 그리고 '물리적 대상 진술'이라고 부르기로 하자. 이 진술이 '현상주의자 진술'로 쓰여질 때, 그것은 모든 실제적, 가능적 경험들에 대한 수많은 진술들과 의미상으로 동일하다. 이런 경험들은 (오스틴에게는 실례지만) '물리적 대상 진술'의 증거가 되지만, '물리적 대상 진술'은 '현상주의자 진술'과 의미상으로 동일하지 않다. 논리적으로 볼 때 '현상주의자 진술'이 참이고 '물리적 대상 진술'이 거짓일 수 있으며, 반대로 '물리적 대상 진술'이 참이고 '현상주의자 진술'이 거짓일 수 있다. (이것은 이따금 물리적 대상은 '정신 독립적'이라는 말로 표현되기도 한다.)

이제 "무엇이 우리가 저 진술을 '물리적 대상 진술'로서 사용하는 것을 정당화하는가?"라는 질문을 받았다고 가정해보자. 정말 이상한 질문이라고 생각하는 대신에 "물리적 대상들, 즉 정신으로부터 독립된 개체들의 존재"가 그 답일 것이라고 가정하면서, 일부 철학자들은 계속하여 "우리는 그러한 개체들이 존재한다는 것을 아는가?"라는 질문을 던지고, 그에 대해 부정적(예컨대, 맥타가트[1906] 1930, 제3장 ; 스테이스 1934) 혹은 긍정적(무어 1939) 답을 내놓는다.

대답이 긍정적이든 부정적이든 간에 이들 철학자들은 한 가지에는 동의한다. 그들은 "물리적 대상들이 있다"는 진술(참일 경우, "옆방에 탁자가 하나 있다"와 같은 진술의 물리적 대상 용법을 정당화하는 진술) 을 마치 "고르곤과 하피들이 존재한다"(진위 여부를 모르는 진술의 예로서 맥타가트가 제시했음), "화성에는 유니콘이 있다"(진위 여부를 모르는 진술의 예로서 스테이스가 제시했음), "여기 손이 있다"(진위 여부를 모르는 진술의 예로서 무어가 제시했음) 등이 물리적 대상에 관한 진술들인 것과 같은 의미에서, 물리적 대상에 관한 진술인 것처럼 취급한다. 이제 "고르곤과 하피들이 존재한다" 등의 진술이 물리적 대상에 관한 진술이라는 의미는 이것이다. 즉, 그것들은 물리적 대상 언어로 **표현된** 진술이라는 것이다. 그리하여 이 철학자들은 "물리적 대상들이 있다"는 진술을 그것이 정당화하기로 된 언어로 표현된 진술로 취급한다. 이러한 진술로 표현된 관점을 '유물론'이라고 부르자. 그러면 유물론은 일치 가정 및 그것에 기반을 둔 모든 철학적 사유의 **귀류법**(*reductio ad absurdum*)이 된다.[11] 만일 철학자의 진술 "물리적 대상들이 있다"가 (마치 자신의 힘으로 자신을 끌어올리려는 사람처럼) 모순을 범하지 않으려면, 그것은 정당화가 아니라 "물리적 대상 언어를 사용하시오"라는 권고로 취급되어야 한다. 이 권고가 만약 다른 언어는 더 이상 사용하지 말라는 뜻이 아니라면 수용할 수 있지만, 그 반대라면 나는 맹목적으로 그 권고에 따르는 어리석음을 범하지 않을 것이다. 나에게 문제가 되는 것은 물질이 전부가 아니다.

이제 "사건 X가 사건 Y를 야기한다"는 진술을 생각해보자. 이 진술에 대한 두 가지 가능한 용법을 구분하여 각각 '규칙적 연속 용법', '보통의 인과적 용법'이라고 부르기로 하자. 이제 이 진술을 '규칙적 연속 진술'로 본다면, 그것은 밤을 따르는 낮의 경험에 대한 진술처럼 어떤 것이 다른 것을 따라오는 일의 경험에 대한 진술과 의미상으로 완전히 동일하다. '보통의 인과적 진술'로 본다면 그것은 플루와 내가 인과 관계를 논의할 때 '만일'이라는 단어의 용법을 두고 피차 인정했던 방식으로 사용된다. 이제 "무엇이 우리가 보통의 인과적 방식으로 그 진술을 사용하는 것을 정당화하는가?"라는 질문을 받았다고 가정해보라. 내가 이해하기에, 결정론은 바로 이 질문에 대한 답으로서 제시된 진술에

---

11) 옮긴이 주 : 귀류법은 어떤 명제가 참임을 직접 증명하는 대신, 그것의 부정 명제가 참이라는 가정이 모순으로 귀결된다는 것을 지적함으로써 간접적으로 원래 명제가 참임을 주장하는 연역 논증이다.

의해 표현된 관점이다. 그것은 그 자체로 볼 때, "무엇이 우리가 물리적 대상 언어를 사용하는 것을 정당화하는가?"라는 질문에 대한 답으로 제시된 진술에 의해 표현된 관점인 유물론과 같은 관점이다. 만약 결정론의 진술이 모순을 범하지 않으려면, 그것은 "보통의 인과 언어를 사용하시오" 내지는 "무슨 일인지 보통의 인과적 언어로 설명하도록 하시오"라는 권고로 취급되어야 한다. (폰 라이트 1983, 62쪽 참조 : "결정론에 대한 **믿음**은 우리가 이 세상을 살아가는 방식에 영향을 줄 수도 있고 우리의 연구를 이끌 수도 있다. 그것은 원인을 찾고자 하는 부단한 충동으로 기능할 수 있다. 그러나 결정론이 참이라는 주장은 그 자체로 '인과적 지식'이 될 수 없다.") 그 권고는 만일 다른 언어를 더 이상 사용하지 말라는 뜻이 아니라면 수용할 수 있다. 그러나 만일 그 반대라면 나는 맹목적으로 그 권고에 따르는 어리석음을 범하지 않을 것이다. 구체적으로 말해서 나는, 우리가 사건이 아닌 사람들을 그들의 행동에 의해 일어나는 일에 대해 책임을 지도록 하는 언어, 즉 '행위자 원인'의 언어를 자유롭게 사용하고 싶다. 플라톤은 대다수의 사람들이 '다른 것들에 의해 움직이면서 동시에 다른 것들을 움직여야만 하는 것들'이 '모든 것들의 제일원인'이라고 생각한다고 말하였다. 그는 우리들이 "지성적 본성의 원인을 탐색해야 한다"고 말하면서 이 관점에 반대했는데, 여기서 '지성적 본성의 원인'이란 '정신을 가지고 태어났으며 선하고 좋은 일들을 하는 존재들'을 의미한다. 나는 한 점의 부끄럼 없이 플라톤의 말에 동의하는 바다.

5. 또 하나의 양립 가능론

결정론은, 인과적 지식의 한 항목으로든 아니면 오직 '사건 원인' 언어만을 사용하라는 권고로서든, 자신들의 행위에 책임을 지고 있는 사람들과 양립할 수 없다. 나는 결정론과 행위의 양립 불가능성에 관해서 플루와 내가 일치된 견해를 가지고 있다고 생각한다. 우리는 단지 결정론자이기를 거부하는 이유와 관련해서만 불일치할 뿐이다. 플루의 이유는 간략히 말하면, "보편적-물리적 결정론의 논제는 자신의 행위 경험을 통해서 이러한 결정론이 거짓임을 알 수 있는 이유가 없는 사람들조차도 이해하기 어렵다"는 것이다. 내가 만일 경험주의자였다면 일어나서 박수를 보냈을 것이다. 그러나 나는 일치 가정을 세우지 않기 때문에 경험주의자가 아니다. 우리의 언어 관행은 자립적인 것이다. 플루와 달리 나는 결정론이 일관된 인과적 명제, 즉 진위 여부가 판정될 수 있는 어떤 것이라고 인정하려는 준비조차 되어 있지 않다.

내가 받아들일 준비가 되어 있는 단 한 가지 양립 가능론은 우리가 때로 행위자를 원인으로 이야기하는 것과 때로 사건을 원인으로 이야기하는 것의 양립 가능론이다. 다른 사람들을 대하는 문제와 관련시켜 말하자면, 이는 우리가 때로는 그들을 조리 있게 생각을 주고받을 수 있는 책임감 있는 존재로 대하며, 때로는 그들을 조건화의 기법을 사용해서 자극해야 할 존재로 다룬다는 것을 의미한다. 그 태도들은 서로 매우 다르지만, 누군가에 대해 때로는 그 중 한 가지 태도를 취하고 때로는 다른 태도를 취하는 것이 얼마든지 양립 가능하다. 어느 태도를 취하였는지 말하기 어려울 때도 아마 있을 것이다. 나는 언젠가 다른 사람의 제안을 좀처럼 받아들이지 않는 사람을 만난 적이 있다. 내가 그의 동의를 끌어내기를 바랄 경우 내가 지지하는 의견에 반대되는 의견을 주장하면 되었다. 나는 그에게 어떤 태도를 취한 것일까?

스트로슨 경(Sir Peter Strawson)이 영국학술원에서 행한 강연인 「자유와 분노(Freedom and Resentment)」(1962)는 증쇄를 거듭했는데, 여기서 그는 이 문제에 대해서 나보다 훨씬 잘 설명하고 있다.

내가 대비하고자 하는 것은 한편으로는 인간 관계에서 관여나 참여의 태도(또는 일련의 태도)이고, 다른 한편으로는 타인에 대한 객관적 태도(또는 일련의 태도)라고 불리는 것이다. 동일한 상황에서도 이들은 완전히 배타적이지는 않다. 그러나 이들은 근본적으로 반대 관계에 놓여 있다. 타인에 대하여 객관적 태도를 취하는 것은 그를 아마도 사회 정책의 대상으로서, 넓은 의미에서는 소위 취급 대상으로서, 익히 알고 있어야 되고 아마 경계해야 할 무엇으로, 관리되거나 처리되거나 치유되거나 훈련되어야 할 무엇으로서, 아마도 기피해야 할 무엇으로서 본다는 것이다. 물론 이러한 표현들이 태도의 객관성을 나타내는 여러 사례에 다 들어맞는 것은 아니다. 항상 그렇지는 않지만, 객관적 태도는 여러 가지 방식으로 정서적 조율이 가능하다. 그것은 반감이나 공포를 포함할 수도 있고, 동정이나 심지어 모든 종류의 사랑은 아니라 할지라도, 사랑을 포함할 수도 있을 것이다. 그러나 그것은 대인 관계에서 타인들과의 개입 또는 참여에 속하는 일련의 반응적 감정과 태도는 포함할 수 없다. 원한, 감사, 용서, 분노는 포함할 수 없으며, 두 성인이 상호간에 느끼는 일종의 사랑도 포함할 수 없다. 만일 당신이 누군가에게 갖는 태도가 전적으로 객관적이라면, 당신이 그에게 말을 하고 심지어 협상을 할 수는 있어도, 논리적 설득이 오가는 대화는 할 수 없을 것이다. 기껏해야 말다툼을 하거나 이성적 대화를 나누는 척할 수 있을 뿐이다.

앤터니 플루와 나는 이성적 대화를 나누는 척하는 것이 아니라 실지로 나누고 있다. 무슨 말이 더 이상 필요한가?

한마디만 더

앤터니 플루

피터 스트로슨 경의 훌륭한 문구를 인용함으로써 자신의 세 번째 기고문을 마무리한 곳프리 베이지가 "무슨 말이 더 이상 필요한가?"라고 묻는다. 그것이 베이지가 세 번째 논쟁에서 덧붙여야 했던 말의 전부였다면, 내 대답은 '거의 없다'가 되었을 것이다. 내가 그동안 줄곧 끼워들고자 했던 유일한 부분은, 베이지가 그의 첫 번째 기고문 맨 끝에 나오는 두 개의 인용 구절(61-62쪽)에서 제프리 워녹이 매우 타당하게 말한 것에 대해 도전적으로 던진 반(反)필연주의적 논평이다. 이것은 우리가 상당히 동의하고 있는 근본적으로 중대한 문제 중 하나이기 때문에, 나는 마지막으로 한마디 더 해야 할 것 같다. 그러나 정치학과 반대로 철학에서는 가능하다면 결론만 옳으면 되는 것이 아니라 추론 과정도 옳아야 바람직할 것이다. 따라서 나는 베이지가 혼동했거나 오해한 것 같은 문제들에서부터 논의를 시작하도록 하겠다.

1. '행위자 원인'과 '사건 원인'

베이지는 다음과 같이 시작한다 : "나는 플라톤이 『티마이오스』(46c-48a)에서 말한 서로 다른 두 가지의 원인 … 을 받아들이는 데 우리 두 사람이 일치된 견해를 가지고 있다고 생각했다"(178쪽). 물론 우리는 이러한 구분과 그 중요성에 대해 의견을 같이하고 있다. 나의 반박은 1960년대 이후로 수많은 철학자들 ― '플라톤에게 진 빚을 인정하지 않는 … 철학자들'(베이지, 22쪽) ― 이 즐겨 사용하고 있는, 오해의 소지가 있는 용어에 대해서다. 나는 이 점에 관해서는 첫 번째와 두 번째 기고문에서 분명하게 밝혔다고 생각했다(75-76쪽, 155-156쪽). 그러나 두 번다 베이지를 이해시키는 데 실패한 걸 보니 다른 사람들에게도 마찬가지일 것 같다. 그래서 다시 한 번 시도하는 것이다.

내가 했던 말을 그냥 반복하는 대신에 나는 베이지의 말을 한 번 더 인용할까 한다. 그는 내가 "'행위자에 **의한 야기**'와 '사건에 **의한 야기**'의 구분이 … 잘못된 이유는 이렇게 가정된 두 종류의 야기(causing) 사이에는 구별되어야 할 차이점이 실제로는 없기 때문이다"라고 말한다고 한다(155쪽). 그렇다, 야기의 종류로서의 차이점은 없다. 내가 버튼을 누르면 나는 버튼을 누르는 행위의 결과로 나타나기로 되어 있는 무엇인가를 야기하고 있는 셈이며, 여기서 나는 이러한 행위를 행위자로서의 내가 아니라 우연히 떨어진 작은 운석이나 거대한 우박 알맹이처럼 완전히 비인격적이고 비의도적인 사건에 의해 버튼이 눌려졌을 때와 똑같은 강제적, 물리적 '원인'의 의미에서 하고 있는 셈이다. (유일한 예외는, 규칙에 의해 증명된 중요한 것이긴 하지만, 한 행위자(여

자)가 다른 행위자(남자)의 행동을 야기하는 — 이때 야기란 '야
기하다'는 단어를 다르게, 즉 비강제적, 도덕적으로 이해한 것을
말한다 — 경우로서, 이때 그녀는 그 남자가 생각하기에 자신이
행동하기 위해 도덕적, 비강제적으로 결정된 명확한 이유라고
여겨지는 것을 그에게 직접 보여주거나, 아니면 그 남자의 관심
을 그 이유로 유도함으로써 그의 행동을 유발한다. 이에 대한 두
개의 확실한 예는, 누군가에게 기쁜 소식을 알림으로써 축하하
도록 야기하는 경우와, '거부할 수 없는 제의를 함으로써' 마피아
가 요구하는 것을 하도록 야기하는 경우다.)

물론 '사건을 야기하는 행동'과 '사건을 야기하는 (행동이 아
닌) 사건' 사이에서와 같은 매우 중요한 차이점이 존재한다. 그러
나 이것은 '야기를 하는 사건'이라는 원인과 '야기를 하는 행동'
이라는 원인을 두고 말하는 것이지, 이러한 사건과 이러한 행동
에 의한 야기나 그에 따른 결과를 두고 말하는 것은 아니다. 요점
은 그 행동의 원인이 비강제적, 정신적 원인이어야 하는 반면에,
그 사건의 원인은 강제적, 물리적 원인이 될 것이라는 점이다.
그렇기 때문에 "나는 이 점에 대해서 플루에 동의할 수 없다. 이
두 가지 사이에는 중요한 차이점 … 이 있다고 생각한다. 예를 들
어, 원인이 되는 사건(causing event)은 그 자체가 야기되는 것
이고, 또 만약 그것이 다른 사건에 의해 야기된다면 그 사건 또한
야기되는 것으로, 이렇게 끊임없이 야기가 이어지는 데 반해 …
행위자는 움직임을 시작하는 사람이[다] …"(178-179쪽)고 주장
하는 베이지의 말은 완전히 요점을 빗나가는 것이다. 베이지가
여기서 제시하고 있는 이유는 비록 훌륭한 것이기는 하지만 그
가 나에게 동의할 수 없는 이유가 아니라, 오히려 그가 왜 나에게
동의해야 하는지를 보여주는 이유다!

'행위자 원인'과 '사건 원인'을 대비하느라 서로들 바빴던 다소 소심한 1960년대의 철학자들에 대해 좀 대담한 제언을 하고자 한다. 그 제언이란, 그들이 한결같이 '원인'의 두 가지 의미와 '결정론'의 두 가지 의미를 구분하는 데 실패한 이유와 그 후에 그들이 그와 같은 구분을 자연과학과 정신과학의 비교 연구에 적용하는 데 실패한 이유는 부분적으로 그들이 자신들의 선배들로부터 배우려는 준비가 안 되어 있었다는 점, 또 부분적으로 그들이 불행하게도 용어를 잘못 선택함으로써 관심을 엉뚱한 방향으로 쏟았다는 점에 있다는 것이다.

2. '일치 가정'

　베이지와 내가 이 일치 가정에 관해서 서로 다른 견해를 가지고 있다는 점은 확실히 알겠는데, 이러한 불일치점이 현재 상황에서 어느 정도 문젯거리가 되고 있는지는 잘 모르겠다. 우선 나는 베이지가 "칸트는 '만일 대상이 우리 지식에 일치해야 한다고 우리가 가정한다면, 우리가 형이상학의 과업에서 더 이상의 성공을 바라볼 수 없는지 시험해'볼 것을 제안하였다"(184쪽)면서 찬사를 보낸 칸트의 프로젝트를 오래 전에 처음 접한 이후 줄곧 그것을 엉뚱스럽고도 잘못된 것으로 여겨왔다는 점을 고백해야겠다. 내가 소박하지만 그다지 겸손하지는 못한 반박을 통해 주장하고자 하는 것은, 대상에 관한 믿음은 오직 그리고 정확하게 그 믿음이 실제로 그 대상에 관련된 여러 사실에 일치하고 대응할 때만 그 대상에 대한 지식이라고 올바르게 생각될 수 있다는 것이다.

　베이지가 칸트에서 비트겐슈타인으로 넘어가면서 맨 먼저 인용하는 텍스트는 그가 든 에스키모 예시(156-157쪽)에 대한 그 자신의 해석보다는 오히려 나의 해석을 아주 강하게 지지하는 것 같다. 그것은 "… 체스의 규칙이 아닌 다른 규칙을 따른다면 당신은 **다른 게임**을 하고 있는 것이다. 당신이 이러저러한 규칙이 아닌 다른 문법적 규칙을 따른다면, 그것은 당신이 무언가 잘못된 것을 말하고 있음을 의미하는 것이 아니라, 뭔가 다른 것을 말하고 있음을 의미한다"(185-186쪽)는 비트겐슈타인의 말이다. 바로 그거다. 만일 이누이트인들이 우리에게는 똑같이 흰색으로 보이는 두 종류의 눈의 모습을 묘사하기 위해 두 가지 다른 단어를 사용한다면, 이는 아마도 그들이 눈의 색이 아닌 다른 무엇, 말하자면 베이지가 사려 깊게 말했던 것처럼, '막 내린 눈'의 모습과 '눈 신발을 신지 않은 사람의 무게를 지탱할 수 있을 정도로 단단하게 쌓인 눈'의 모습 사이의 차이점을 언급하고 있기 때문일 것이다(136쪽). 이것을 적절하게 바꾸면 '어떤 때는 녹색과 빨간색을 가리키고, 다른 때는 노란색과 파란색을 가리키는 일반적 명칭이 있는' 비트겐슈타인의 예(187쪽)에도 동일하게 적용되지 않겠는가?

　베이지는 자신의 두 번째 기고문 어느 곳에서 우리에게 "우리가 같은 색으로 부르는 색은 **실제로** 같은 것인가 아니면 다른 것인가? 바꾸어 말하면, 어떤 언어가 옳은가"(136쪽)라는 질문에 대해서 생각해보도록 요구하였다. 나는 "그러나 조금만 생각해 보면, 이 경우는 영어나 이누이트어 중에 어느 하나가 옳거나 그르다고 믿을 수 있는 하등의 이유도 제공하지 않는다는 것을 쉽게 알 수 있다"(157쪽)고 대답하였다. 그리고 나는 이어서 이 사레를 이전의 문단에서 다룬 것과 같이 다루었다. 베이지가 이제 인정하는 응답은 바로 이것인 것 같다 : "사고와 실재 간에 존재하는 유일한 올바름, 일치, 동의 또는 조화는 언어로 표현된 참된 사고와 현실 간의 일치에 있다. … 언어 그 자체는 어떤 것과도 일치하지 않는다"(186쪽).

그러나 바로 위 인용문의 첫 번째 문장이 내게는 베이지가 우리에게 회피하도록 권한 것으로 내가 이해하였던 '일치 가정'을 매우 강하게 표현한 것으로 보인다. 그래서 아마도 우리가 거부하도록 요청을 받은 것은 논란의 여지가 없이 오직, 모든 묘사적 개념들은 실제로 존재하는 대상들을 가지고 있거나 가지고 있는 것으로 알려질 수 있다는 경솔하고도 명백하게 그릇된 가정이 된다. 이는 확실히 거짓이다. 예를 들어, 맥타가트가 올바르게 주장한 것과 같이, 고르곤도 하피도 존재하지 않는다: 그럼에도 불구하고, 베이지가 "만일 철학자의 진술 '물리적 대상들이 있다'가 … 모순을 범하지 않으려면 그것은 정당화가 아니라 '물리적 대상 언어를 사용하시오'라는 권고로 취급되어야 한다"(189쪽)고 결론을 내리는 것을 우리가 허용할 수 없음은 마찬가지로 확실하다.

도대체 왜 우리가 여기에 동의하도록 요청받아야 하는가? 고르곤이나 하피나 그 밖에 무엇이든지 그것들이 실제로 존재한다는 것을 보여주는 것보다, 고르곤이나 하피 또는 기타 있을 수 있는 모든 것들의 개념들을 정당화할 수 있는 더 좋은 다른 방법이 어디 있을까? 적절하게 개념이 적용될 수 있는 어떤 물리적 대상이 없다면 도대체 누가 '물리적 대상 언어'를 사용하라는 권고에 조금이라도 관심을 기울여야 되는 것일까? 우리는 물리적 대상 용어와 물리적 대상 표현에 반대되는 '물리적 대상 언어'라는 것이 있다고 쉽사리 인정해서도 안 된다. 왜냐하면 언어들(복수)을 그런 식으로 말하는 것은 동일한 것을 다른 방식으로 다룬다거나, 동일한 것의 다른 측면들에 대한 이야기를 상보적이고 양립적인 방식으로 다룬다는 것을 시사하기 때문이다.

그러나 다행스럽게도 베이지는 이런 유혹에 굴복하지 않고 있다. 물론 그는 "우리가 때로 행위자를 원인으로 이야기하는 것과 때로 사건을 원인으로 이야기하는 것"(191쪽)을 언급함으로써 다시 한 번 '행위자 원인 / 사건 원인'이라는 그 한심한 용어로 인해 잘못을 범한다. 그럼에도 불구하고 그가 정말로 말하고 싶어하는 것은 어떤 행동이든 동시에 필연적이면서 필연적이지 않을 수 있다는 것이 아니라, 우리가 사람들을 때로는 필연적인 맥락에서 다루기도 하고 때로는 그렇지 않은 맥락에서 다루기도 한다는 점이다. 정말로 우리는 그럴 수 있으며, 또 그렇게 하고 있다. 스트로슨 경이 아주 제대로 말하고 있듯이 말이다.

3. 양립 불가능론과 보편적-물리적 결정론의 허위성

이제 마침내 베이지가 그의 첫 번째 기고문 말미에서 제기한 물음에 대해 나의 답을 제시할 때가 되었다. 그런데 나의 대답이 베이지의 답과 실질적으로는 크게 다르다고 생각하지 않는다. 그는 "만약 워녹의 추론이 타당하다면, 내가 물리적 결정론을 참된 명제로 받아들일 경우 나는 내가 지금 '행위자 원인에 대한 나의 믿음'이라고 부르고자 하는 것을 지금 당장은 포기해야만 할 것 같아보인다"(63쪽)고 말했다. 여기서 워녹이 제안하고 있는 것은 일종의 양립 불가능론이다. 내가 믿는 바로는, 그리고 내가 보여주고자 노력했던 바로는, 이 점에 관한 그의 추론은 옳다. 그러나 나는 또한, 베이지가 막 우리에게 상기시켜주었듯이, "보편적-물리적 결정론의 논제는 자신의 행위 경험을 통해서 이러한 결정론이 거짓임을 알 수 있는 이유가 없는 사람조차도 이해하기 어렵다"(176쪽)고 분명히 주장한 바 있다. 특히, 능동적 활동 그 자체인 인간 행동의 여러 부분들 — 스키너가 단순한 행동들이라고 우리에게 강조한 것들 — 은 어떠한 물리적 원인에 의해서도 강제적으로 일어나거나 일어날 수 있는 것이 아니다.

이와 같은 주장을 온당치 않게 보는 경향은 스키너와 같은 심리학적 강경주의자들에게만 있는 것이 아니다. 나는 내가 처음으로 이런 이야기를 글로 쓰기 시작하였을 때(플루 1978) 어떻게 해서 늘 풍부한 물리학 지식으로 나를 경탄케 했던 오랜 철학자 친구 한 명이, 너그럽고 넘치는 동정심에서, 그가 보기에 이러한 문제에 항상 이치에 맞는 입장을 견지해온 내가 심오한 양립 가능론과 필연성으로 충만된 신의 은총으로부터 정말로 완전히 버림받을 수 있다는 것을 어쩔 수 없이 믿게 되었는지를 잘 기억하고 있다.

이러한 비교적 최근의 전락(fall) 전에도 나는 어떻게 사람들이 우리의 우주가 절대적으로 보편적이고 필연적이며 물리적인 결정론에 종속되어 있다는 것을 — 종교적 계시와는 무관하게 — 알 수 있다고 생각하는지 종종 의아해했다. 그러나 이 철학자 친구는 20세기 물리학을 잘 안다고 주장하는 다른 친구들 및 지인들과 마찬가지로, 양자(quantum) 단계에서는 비결정론(indeterminism) 혹은 그게 아니라면 적어도 불확정성(indeterminacy)이 지배하고 있다면서 수년간 집요하게 나를 설득하려 애를 썼다. 하지만 만약 그것이 사실이라면 — 그것이 사실인지 아닌지 결정할 수 있는 능력이 나에게 있다고 주장하지는 않는다 — 어떻게 이들 과학 도사들이 이 우주에서 가장 복잡한 존재 — 사람, 살과 피로 만들어진 친숙한 생물체인 우리 자신 — 가 총체적이고 불가피한 물리적 결정론에 종속된다는 것을 그렇게도 확신할 수 있단 말인가?

마지막 시도

곳프리 베이지

앤터니 플루는 사건과 구별되는 행위자가 원인이라는 말에 대한 자신의 반박이 정확히 무엇인지 나에게 밝히는 데 두 번씩이나 실패했다고 말했다. 그는 나를 이해시키는 데 두 번이나 실패했기 때문에 다른 사람들도 또한 이해시키기 어려울 것이라고 말하고 있다. 그래서 다시 한 번 시도해야겠다고 말하면서 세 번째 기고문을 시작하였다.

이 '대논쟁'이 막을 내려야 할 시점이 가까이 다가오고 있기 때문에, 나는 플루가 세 번째 시도에서 성공했는지 여부의 판단을 독자들의 몫으로 남겨두려고 한다. 나로서는 '일치 가정'이 무엇인지를 그에게 이해시키는 데 두 차례 실패했다. 그와 마찬가지로 나도 남아 있는 지면에서 다시 시도해야겠다.

칸트는 객관적 실재성 때문에 때때로 공격을 받고 있는 개념들의 예를 제시한다. 그것은 행운과 운명이라는 개념이다(칸트

[1787] 1933, B 116-117). 이들은 일치 가정을 설명하는 데 다소 도움이 된다. 우리는 간혹 "그렇지만 정말 행운이나 운명 같은 것들이 있을까?"라고 말하는 사람들을 그려볼 수 있다. 그러나 이왕이면 칸트가 우리가 믿고 사용할 수 있고, 그래서 일치의 문제가 발생하지 않는 개념의 예도 제시했더라면 더 도움이 되었을 것이다.

그와 같은 개념은 바로 약속의 개념이다. 우리가 흔히 사용하는 "나는 A를 하기로 약속한다"는 표현이 지니는 특징은, 이 말을 발화하는 사람이 A를 하는 것에 도덕적으로 헌신한다는 것이며, 만일 그가 A를 하지 않을 경우, 다른 조건들이 같다고 가정할 때, 그에 합당한 비난을 받을 수 있다는 것이다. 우리는 이 표현을 왜 이런 식으로 사용하는가? 나는 다음과 같이 대답하고자 한다 : 그것은 우리가 그렇게 선택하기 때문이라고. 그 표현을 어떻게 사용하는가는 전적으로 우리 자신에게 달린 문제라고. 우리가 이 표현을 그런 식으로 사용하기 위해서 우리의 사용이 '약속이라는 사실'에 일치한다는 것을 입증해야 할 필요는 없다고.

"나는 약속한다"는 표현의 실제 사용에 상응하고, 또 그것을 정당화할 수 있는 객관적인 것은 아무것도 없다고 생각할 수 있다. 왜냐하면 "나는 약속한다"는 말을 통해 우리는 참 또는 거짓인 무언가를 말하고 있는 것이 아니라, 무언가를 하고 있기(doing) 때문이다. 그러나 앎의 개념을 생각해보자. "나는 안다"고 말을 하는 사람은 참 또는 거짓인 무언가를 말하고 있는 것이다(is). 그렇다면 앎의 개념은 약속하기의 개념이 갖지 않는 객관적 실재를 가지고 있는가?

무어(G. E. Moore)는 앎을 마음속에서 일어나는 과정 또는 사건으로 기술한다. 그는 지식이란 어떤 것인가 하는 문제에 대해 제기되는 첫 번째 질문은 "그 과정이나 사건을 구성하는 것은 무엇인가?"라는 질문이라고 말한다. 그는 그것을 '철학과 심리학이 공유하는 질문'이라고 한다(무어 1953, 25쪽). 이런 맥락에서 혹자는 "왜 우리는 '나는 안다'는 표현을 사용할 때, 만약 'S는 P다'가 거짓이면 '나는 S가 P임을 안다'는 말 또한 거짓이 되는 방식으로 사용하는 것일까?"라는 물음에 대해서 다음과 같이 대답할 수 있을 것이다 : "그것이 바로 지식의 본성이기 때문이다. 앎은 일종의 정신 상태로서, 이는 앎의 대상이라고 언급된 것이 진실임을 보장하는 특이한 정신 상태다. '나는 안다'고 말하는 사람은 자신의 정신 상태를 보고하거나 묘사하고 있는 것이다. 만일 그가 S는 P라는 앎에 해당하는 자신의 정신적 상태를 올바로 확인하였다면, 그는 다른 사람들이 S는 P라는 자신의 말을 받아들여줄 것을 기대할 자격이 있는 셈이다. 만일 그와 같이 진실을 보장하는 정신 상태가 없다면, '나는 안다'고 말하는 그 누구도 참되거나 거짓된 어떤 것을 말하는 것이 아닐 것이다."

이것은 오스틴과 비트겐슈타인이 한 말에 대비될 수 있다. 오스틴은 "나는 안다"는 말을 "나는 약속한다"는 말에 비유한다. "나는 S가 P임을 안다"는 말이 "나는 S가 P임을 믿는다"는 말과 다른 것은 "나는 A를 하기로 약속한다"는 말이 "나는 A를 하려고 의도한다"는 말과 다른 것과 같다. "'나는 안다'고 말하는 것은 '나는 믿고 확신하는 것과 동급에 속하는, 단지 확신하는 것보다는 뛰어난 특별한 인식 활동을 수행했'고 말하는 것이 아니다"라고 오스틴은 말한다. "왜냐하면 그 단계에서는 단지 확신하는 것보다 뛰어난 것이 아무것도 없기 때문이다. 마치 약속하는 것이 희망하고 의도하는 것과 동급에 속하고, 단순히 의도하는 것보다 뛰어난 것이 아니듯이 말이다. '나는 안다'고 말할 때, 나는 나의 말을 다른 사람들에게 준다. 나는 'S는 P다'는 말에 관한 나의 권한을 다른 사람들에게 준다"(플루 1953, 144쪽). 이와 유사하게 비트겐슈타인은 "'나는 그것을 안다'는 말 대신에 어떤 경우에는 '그게 그런 거야 — 틀림없어'라고 말할 수도 있다"(비트겐슈타인 1969b, 176절)고 말한다.

무어는 일치 가정을 만들었다. 그는 우리가 "나는 안다"고 할 때 이 표현을 올바르게 사용하기 위해서는 사용이 반드시 실재에 일치해야 한다고 가정했다. 그렇게 가정함으로써 그가 요청하게 된 실재는 진실을 보장하는 정신적 상태라는 실재였다. 만약 그렇게 가정하지 않는다면 우리는 "나는 약속한다"고 말하는 것처럼 "나는 안다"를 말하게 될 것이고, 이 경우 이 표현을 어떻게 사용하는가는 전적으로 우리에게 달려 있다. 다시 말해 이 표현을 정당하게 사용할 수 있기 위해 우리의 사용이 '진짜 지식'에 일치한다는 것을 보여줘야 할 필요가 없다는 말이다.

마지막으로, 이 모든 것들은 일치 가정이 인과에 대한 철학적 분석에 어떻게 작용하는가를 이해하는 데 도움을 주는가? 나는 그렇다고 생각한다. "사건 X가 사건 Y를 야기한다"는 표현을 생각해보자. 어떤 경우에는 이러한 표현 대신에 "사건 X가 일어나면 사건 Y가 뒤따라 일어날 것이다"고 말할 수 있을 것이다. 자, 지금 이 표현의 사용에 일치하는 실재가 있는가? 만일 있다면 그것은 무엇인가?

일치 가정을 세우는 경향이 있는 사람들에게, 이 마지막 질문에 대한 명확한 대답은 다음과 같다. 그것은 원인이 일어나면 그 결과도 따라 일어나는 것과 같은, 원인과 결과 사이에 있는 모종의 필연적 연결이다. 이 연결이 있다면, 그리고 우리가 경험이나 추론에 의거해서 그 연결이 있음을 증명할 수 있다면, 우리는 늘 그렇듯이 정당하게 인과적 언어를 사용할 수 있다. 만일 그와 같은 연결이 없다면, "사건 X가 사건 Y를 야기한다"고 말하는 사람은 참 또는 거짓인 무언가를 말하고 있다고 할 수 없다.

이러한 대답에는 지식 문제에 대한 대답에서 찾아볼 수 없는 어떤 문제가 있다. 앎이라는 정신적 사건은, 만약 그런 것이 있다면 내성을 통해 직접 접근이 가능한 사건이다. 그러나 '원인과 결과의 필연적 연결'은 추정컨대 정신적 실재가 아니라 물리적 실재다. 이른바 '물리적 필연'이라는 것이 존재한다는 것을 경험이나 이성에 근거하여 어떻게 증명할 수 있을까?

이것은 흄이 일치 가정을 세움으로써 도달하였던 질문이었다. "사건 X가 사건 Y를 야기한다"는 표현을 어떻게 사용하는지가 우리에게 달려 있다고 말할 준비가 되어 있다면 우리는 이 질문을 피할 수 있다.

나는 그 이상을 말하고자 한다. 이따금 사건-원인 언어를 사용하지 않고, 그 대신 사람이 원인이라고 말하는 것도 우리에게 달렸다. 우리는 선택할 수 있다. 그것은 우리에게 달려 있다.

마무리

앤터니 플루

    곳프리 베이지는 적어도 한 가지 점에서는 확실히 옳다. 이 대 논쟁을 마감할 시간이 되었다고 말한 점이다. 그러나 나는 그가 '마지막 시도'를 했다는 것이 기쁘다. 왜냐하면 여기에서 그는 성 공했기 때문이다. 내가 '일치 가정'을 어려워한 이유는 주로 그것 이 적어도 부분적으로 숨겨진 무언가가 탐지되고 있음을 암시하 는 가정으로 묘사되었다는 데 있었다. 그러나 누군가가 오이디 푸스는 자신의 아버지를 죽이고 어머니와 결혼할 숙명이었다고 주장한다면, 그는 암묵적으로, 은연중에, 어쩌면 무의식적으로 그러한 결과는 어떠한 인간 행동으로도 방지될 수 없었다는 점 을 가정하고 있는 것이 아니다. 그 반대다. 즉, 그는 그것을 옳든 그르든, 좋든 나쁘든, 심사숙고 끝에 드러내놓고 솔직하게 단언 하고 있는 것이다.

    약속과 앎의 경우는 물론 이와 다르다. 약속을 하는 것과 뭘 안다고 주장(claim)하는 것은 어떤 특이한 종류의 정신적 사건의 발생을 단언(assert)하는 것이라기보다는 무언가를 하는(do) 것이다. 비록 이런 두 종류의 일을 하는 것 역시 자기가 약속한 것을 하겠다고 단언하는 것이고, 또 자기가 안다고 주장하는 것이 참으로 진실이라고 단언하는 것이긴 하지만 말이다. 그러나 우리가 바로 옆에 있는 사람이나 제3자에게 누군가가 이것을 약속했다느니 저것을 안다느니 보고한다면, 우리는 다시 한 번 아주 직접적으로 어떤 것에 대한 실상을 단언하는 셈이다.

갑돌이가 이것을 약속했다고 말할 때 우리는 갑돌이가 자신이 속한 문화 관습(보고자로서 우리는 여기에 관여할 수도 있고 안 할 수도 있다)에 따라 이것을 하겠다는 약속을 성립시키는 것을 했다고 말하는 셈이다. 갑순이가 저것을 안다 — 그리고 '안다'는 단어를 사용함에 주저함이나 유보 사항이 없다는 점을 제시하면서 — 고 말할 때 우리는 그것이 사실이며 갑순이는 그것을 알 수 있는 위치에 있었다는 점 둘 다 말하고 있는 셈이다. 따라서 나는 갑돌이와 갑순이에 대해 그와 같은 말을 하는 사람은 누구든지 — 내가 그들의 말을 해석한 것처럼 해석하면서 — 그렇게 함으로써 베이지가 말하는 일치 가정을 세우고 있음에 틀림없다고 생각한다.

이제 마침내 이 문제를 성공적으로 정리하고 보니, 베이지와 나는 인과에 관해서 근본적으로 불일치 상태에 있는 것 같아 보인다. 그의 말에 따르면 나는 가장 중요한 이 문제에서 '일치 가정'을 세우는 사람의 하나다. 왜냐하면 나는 줄곧 원인(물리적)이 그 결과를 야기한다고, 우리 모두는 불가피하게 객관적-물리적 필연성과 객관적-물리적 불가능성 둘 다에 대한 풍부한 경험을 가지고 있다고, 그리고 인과(물리적)에 관한 어떠한 단언도 예외 없이 모종의 물리적-필연적 연결의 성립에 대한 단언이라고 주장해왔기 때문이다. 베이지는 이것을 받아들이지 못하는 것 같다. 이상하게도 그는 다음과 같은 말을 한다 : "만약 그와 같은 연결이 없다면, '사건 X가 사건 Y를 야기한다'고 말하는 사람은 참 또는 거짓인 어떤 것을 말한다고 볼 수 없다." 그러나 너무나 당연하게도, 만약에 그와 같은 연결이 없다고 한다면, 있다고 주장하는 사람들은 명백하게 확실한 거짓을 말하고 있음에 틀림없는 것이 아닌가?

베이지는 마지막으로 "사람들이 원인이다. 우리는 선택할 수 있다. 그것은 우리에게 달려 있다"고 결론짓는다. 당연히 옳은 말이다. 우리가 살아 있고 의식을 가지고 있는 한 우리 모두는 선택을 할 것이며, 또 그렇지 않을 수가 없기 때문이다. 그리고 이러한 선택들은 모두 무엇을 야기할 것인가 혹은 무엇을 야기하려고 노력할 것인가에 대한 선택들이다. 그런데 우리에게 주어진 이러한 야기(causings)는 두 종류로 나누어진다. (물리적) 야기는 그에 따른 사건 결과가 일어나도록 물리적으로 강제하는 것이고, (정신적) 야기는 다른 행위자가 저런 의미보다는 이런 의미에서 행동하도록 선택하게 하는 경향은 있지만 강제하지는 않는다. 참으로 그렇다. "사람이 원인이다. 우리는 선택할 수 있다. 그것은 우리에게 달려 있다." 그리고 이제 그것은 독자 여러분에게 달려 있다.

참고 문헌

Aquinas, St T. [c. 1225–74] (1926) *Summa Theologica*, translated by the Fathers of the English Dominican Province (London : Burns Oates and Washbourne).

——————. [c. 1225–74] (1955) *Summa contra Gentiles*, translated by A. C. Pegis (New York : Doubleday).

Aristotle [384–322 BC] (1941) *The Basic Works of Aristotle*, edited and with an introduction by R. McKeon (New York : Random House).

Augustine, St [354–430] (1964) *The Freedom of the Will*, edited and translated by Anna Benjamin and L. H. Hackstaff (Indianapolis, IN : Bobbs–Merrill).

Ayer, A. J. [1956] 'Freedom and necessity', in G. Watson (ed.) (1982).

Bain, A. (1855) *The Senses and the Intellect* (London : J. W. Parker and Son).

Bennett, J. (1971) *Locke, Berkeley, Hume – Central Themes* (Oxford : Clarendon Press).

Binkley, R., Bronaugh, R. and Marras, A. (eds) (1971) *Agent, Action and Reason* (Oxford : Blackwell).

Boring, E. G. (1950) *A History of Experimental Psychology* (New York : Appleton–Century–Crofts).

Bower, G. S. (1881) *Hartley and James Mill* (London : Samson Low and Rivington).

Bradley, F. H. (1883) *The Principles of Logic* (London : Kegan and Paul, Trench and Co.).

Brown, R. (ed.) (1970) *Between Hume and Mill, An Anthology of British Philosophy, 1749-1843* (New York : Random House).

Brown, T. (1820) *Lectures on the Philosophy of the Human Mind* (Edinburgh : W. and C. Tait).

Carr, E. H. (1961) *What is History?* (London : Macmillan).

Chisholm, R. M. [1964] 'Human freedom and the self', in G. Watson (ed.) (1982).

Coleman, Alice and others (1985) *Utopia on Trial* (London : Shipman).

Collingwood, R. G. (1940) *An Essay on Metaphysics* (Oxford : Clarendon Press).

Danto, A. C. (1963) 'What we can do', *Journal of Philosophy*, 60, pp.435-45.

Davidson, D. [1968] 'Agency', in R. Binkley, R. Bronaugh and A. Marras (eds) (1971) and D. Davidson (1980).

Davidson, D. (1980) *Essays on Actions and Events* (Oxford : Clarendon Press).

Descartes, R. [1591-1650] (1985) *The Philosophical Writings of Descartes*, translated by J. Cottingham, R. Stoothoff and D. Murdoch (Cambridge : Cambridge University Press).

Edwards, J. [1756] (1957) *Freedom of the Will*, edited by P. Ramsey (New Haven, Conn. : Yale University Press). (The original title was, significantly, *Freedom of Will*.)

Edwards, P. (1967) *The Encyclopedia of Philosophy* (New York : Macmillan ; London : Collier-Macmillan).

Einstein, A. (1950) *Out of My Later Years* (London : Thames and Hudson).

Flew, A. G. N. (ed.) (1953) *Logic and Language*, second series (Oxford : Blackwell).

_____ (ed.) (1964) *Body, Mind and Death* (New York : Collier-Macmillan).

_____ (1975) *Thinking about Thinking* (London : Collins Fontana).

_____ (1976) *Sociology, Equality and Education* (London : Macmillan).

_____ (1978) *A Rational Animal* (Oxford : Clarendon Press).

——————— (1982) 'Another idea of necessary connection', *Philosophy*, 57, pp.487-94.

——————— (1984) *Darwinian Evolution* (London : Granada Paladin).

——————— (1985) *Thinking about Social Thinking* (Oxford : Blackwell).

——————— (1986) *Hume : Philosopher of Moral Science* (Oxford : Blackwell).

——————— (ed.) (1987) *Readings in the Philosophy of Parapsychology* (Baffalo, NY : Prometheus).

Freud, S. [1901] (1960) *The Psychopathology of Everyday Life*, translated by E. Tyson (London : Hogarth).

Galileo, G. [1623] (1957) *The Assayer*, in *Discoveries and Opinions of Galileo*, notes by S. Drake (New York : Doubleday).

——————— [1632] (1953) *Dialogue concerning the two chief world systems – Ptolemaic and Copernican*, translated by S. Drake, foreword by A. Einstein (Berkeley, CA : University of California Press).

Gassendi, P. [1624] (1959) *Exercitationes paradoxicae adversus Aristoteleos*, edited and traslated by B. Rochot as *Dissertations en forme des paradoxes contre les aristoteliciens* (Paris : J. Vrin).

Hartley, D. [1749] (1834) *Observations on Man, His Frame, His Duty and His Expectations*, 6th edn (London : Thomas Tegg and Son).

Hobbes, T. [1588-1679] (1839-1845) *Works*, edited by William Molesworth (London : Bohn).

Hornsby, J. (1980) *Actions* (London : Routledge and Kegan Paul).

Hume, D. [1739] (1978) *A Treatise of Human Nature*, edited by L. A. Selby-Bigge, revised by P. H. Nidditch, 2nd edn (Oxford : Clarendon Press).

——————— [1740] (1978) *An Abstract of a Treatise of Human Nature*, in D. Hume [1739] (1978).

——————— [1748] (1975) 'An Enquiry concerning Human Understanding', in *Hume's Enquiries*, edited by L. A. Selby-Bigge, with revisions by P. H. Nidditch (Oxford : Clarendon Press).

——————— [1741-77] (1985) *Essays Moral, Political and Literary*, edited by E. F. Miller (Indianapolis, IN : Liberty Classics).

James, W. (1891) *The Principles of Psychology* (London : Macmillan).

Jones, E. (1920) *Papers on Psychoanalysis* (London : Baillière, Tindall and Cox).

——————— (1926) 'Free will and determinism', in his *Essays in Applied*

Psychoanalysis (New York : International University Press).

Kant, I. [1787] (1933) *Immanuel Kant's Critique of Pure Reason*, translated by N. K. Smith (London : Macmillan).

Katz, J. J. (1966) *The Philosophy of Language* (New York : Harper and Row).

Kenny, A. (trans. and ed.) (1970) *Descartes : Philosophical Letters* (Oxford : Clarendon Press).

_____ (1975) *Will, Freedom and Power* (Oxford : Blackwell).

Kolnai, A. [1966] 'Agency and freedom' in G. Vesey (ed.) (1968).

Lehrer, K. (ed.) (1975) *Freedom and Determinism* (Atlantic Highlands, NJ : Humanities Press).

Leibniz, G. W. [1710] (1951) *Theodicy*, edited and translated by A. M. Farrer and E. M. Huggard (London : Routledge and Kegan Paul).

Lessnoff, M. (1976) *The Structure of Social Science* (London : Allen and Unwin).

Locke, J. [1690] (1975) *An Essay concerning Human Understanding*, edited by P. H. Nidditch (Oxford : Clarendon Press).

Long, A. A. (1971) *Problems in Stoicism* (London : Athlone).

Luther, M. [1525] (1969) *The Bondage of the Will*, in E. G. Rupp, A. n. Marlow, P. S. Watson and B. Drewery (eds and trans.) *Luther and Erasmus : Free Will and Salvation* (Philadelphia : Westminster).

McCann, H. (1975) 'Trying, paralysis and volition', *Review of Metaphysics*, 28, pp.423-42.

McTaggart, J. McT. E. [1906] (1930) *Some Dogmas of Religion* (London : Arnold).

Malebranche, N. [1674-5] (1980) *The Search after Truth*, translated by T. M. Lennon and P. J. Olscamp (Columbus, OH : Ohio State University Press).

Mill, J. [1829] (1869) *Analysis of the Phenomena of the Human Mind*, a new edition with notes illustrative and critical by Alexander Bain, Andrew Findlater and George Grote, edited with additional notes by John Stuart Mill (London : Longmans, Green, Reader and Dyer).

Mill, J. S. [1843] (1974) *A System of Logic Ratiocinative and Inductive*, edited by J. M. Robson, introduction by R. F. McRae, in *Collected Works of John Stuart Mill* (Toronto : University of Toronto Press ; London : Routledge and Kegan Paul).

Moore, G. E. [1939] 'Proof of an external world', Annual Philosophical Lecture to the British Academy, reprinted in G. E. Moore (1959) *Philosophical Papers* (London : Allen and Unwin).

_____ (1953) *Some Main Problems of Philosophy* (London : Allen and Unwin).

O'Connor, D. J. (1952) *John Locke* (Harmondsworth : Penguin).

O'Shaughnessy, B. (1973) 'Trying (as the mental "pineal gland")', *Journal of Philosophy*, 70, pp.365–386.

Owen, R. [1816] (1972) *A New View of Society, or Essays on the Formation of the Human Character*, with introduction by J. Saville (London : Macmillan).

Papineau, D. (1978) *For Science in the Social Sciences* (London : Macmillan).

Parkinson, G. H. R. (1977) 'The translation theory of understanding', in G. Vesey (ed.) *Communication and Understanding*, Royal Institute of Philosophy Lectures, vol. 10, 1975 / 1976 (Sussex : Harvester).

Plato [c. 428–c. 348 BC] (1961) *The Collected Dialogues of Plato*, edited by E. Hamilton and H. Cairns (New York : Pantheon).

Pohlenz, M. (1959) *Die Stoa*, 2nd edn (Göttingen : Vandenhoeck and Ruprecht).

Popper, K. R. (1957) *The Poverty of Historicism* (London : Routledge and Kegan Paul).

Pratt, V. (1978) *The Philosophy of the Social Sciences* (London : Methuen).

Priestley, J. (1777) *The Doctrine of Philosophical Necessity Illustrated* (London : J. Johnson).

Rhees, R. (1982) 'Language and Reality', *The Gadfly*, 5, pp.22–33.

Rose, S., Kamin, L. J. and Lewontin, R. C. (1984) *Not in Our Genes* (Harmondsworth : Penguin).

Ryan, A. (1970) *The Philosophy of the Social Sciences* (London : Macmillan).

Schlick, M. [1931] (1939) *Problems of Ethics*, translated by D. Rynin (New York : Prentice-Hall).

Schopenhauer, A. [1841] (1960) *An Essay on the Freedom of the Will*, translated by K. Kolenda (Indianapolis, IN : Bobbs-Merrill).

Sellars, W. (1976) 'Fatalism and determinism', in K. Lehrer (ed.) (1976).

Skinner, B. F. (1948) *Walden Two* (New York : Macmillan).

_____ (1953) *Science and Human Behaviour* (New York : Macmillan).

_____ (1971 and 1972) *Beyond Freedom and Dignity* (New York :

Knopf ; London : Cape).

_____ (1973) *Beyond Freedom and Dignity* (Harmondsworth :
Penguin).

Smith, A. [1776] 'Letter from Adam Smith, LL.D. to William Strahan, Esq.',
in D. Hume (1741-77).

Sowell, T. (1980) *Knowledge and Decisions* (New York : Basic).

Stace, W. T. (1934) 'The refutation of realism', *Mind*, 43, pp.145-155.

Steiner, G. (1975) *After Babel, Aspects of Language and Translation* (Oxford :
Oxford University Press).

Strawson, P. F. (1962) 'Freedom and resentment', *Proceedings of the British
Academy*, 48, and in P. F. Strawson (ed.) (1968) *Studies in the
Philosophy of Thought and Action* (Oxford : Oxford University Press),
P. F. Strawson (1974) *Freedom and Resentment* (London : Methuen),
and G. Watson (ed.) (1982) *Free Will* (Oxford : Oxford University
Press).

Tayler, R. (1966) *Action and Purpose* (Englewood Cliffs, NJ : Prentice-Hall).

Thalberg, I. (1967) 'Do we cause our own actions?', *Analysis*, 27, pp.196-201.

Tucker, A. [1768] (1834) *The Light of Nature Pursued*, 3rd edn (London :
Thomas Tegg and Son).

Valla, L. [1405-57] (1968) 'Dialogue on free will', translated by C. E.
Trinkaus, in E. Cassierer, P. O. Kristeller and J. H. Randall (eds) *The
Renaissance Philosophy of Man* (Chicago, IL : University of Chicago
Press).

van Inwagen, P. (1982) 'The incompatibility of free will and determinism',
in G. Watson (ed.) (1982).

Vesey, G. N. A. (1954) 'Unthinking assumptions and their justification',
Mind, 63, pp.226-233.

Vesey, G. N. A. (1961) 'Volition', *Philosophy*, 36, pp.352-365.

_____ (ed.) (1964) *Body and Mind* (London : Allen and Unwin).

_____ (ed.) (1968) *The Human Agent, Royal Institute of Philo-
sophy Lectures*, vol. 1, 1966 / 1967 (London : Macmillan).

von Wright, G. H. (1983) 'On causal knowledge', in C. Ginet and S.
Shoemaker, (eds) *Knowledge and Mind* (Oxford : Oxford University
Press).

Warnock, G. J. (1963) 'Actions and events'. in D. F. Pears (ed.) *Freedom and the Will* (London : Macmillan).

Watson, G. (ed.) (1982) *Free Will* (Oxford : Oxford University Press).

Watson, J. B. (1913) 'Psychology as the behaviorist views it', *Psychological Review*, 20, pp.158-177.

Watson, J. B. [1924] (1957) *Behaviorism* (Chicago, Ill. : University of Chicago Press).

Watts, G. [1732] (1811) 'An Essay on the Freedom of Will in God and in Creatures', in *The Works of the Reverend and Learned Isaac Watts D. D.*, edited by D. Jennings and P. Doddridge (London : J. Barfield).

William of Ockham [c. 1285-1349] (1969) *Predestination, God's Foreknowledge, and Future Contingents*, translated by Marilyn M. Adams and N. Kretzmann (New York : Appleton-Century-Crofts).

Wilson, J. Q. (1977) *Thinking about Crime* (New York : Vintage).

Wisdom, J. (1953) *Philosophy and Psycho-analysis* (Oxford : Blackwell).

Wittgenstein, L. (1922) *Tractatus Logico-Philosophicus* (London : Kegan Paul, Trench, Trubner).

_____ (1953) *Philosophical Investigations*, translated by G. E. M. Anscombe (Oxford : Blackwell).

_____ (1958) *The Blue and Brown Books* (Oxford : Blackwell).

_____ (1967) *Zettel*, edited by G. E. M. Anscombe and G. H. von Wright, translated by G. E. M. Anscombe (Oxford : Blackwell).

_____ (1969a) *Notebooks 1914-1916*, edited by G. H. von Wright and G. E. M. Anscombe, translated by G. E. M. Anscombe (Oxford : Blackwell).

_____ (1969b) *On Certainty* (Oxford : Blackwell).

Yolton, J. (1966) 'Agent causality', *American Philosophical Quarterly*, 3, pp.14-26.

찾아보기

☐ 지은이/앤터니 플루(Antony Flew) ─────────────
영국 옥스퍼드대, 레딩대 등에서 철학 교수로 재직하였으며, 지금은 캐나다 요크대에서
파트타임 강의를 맡고 있다. 데이비드 흄의 연구가로 명성이 높으며, 일찍이 '역행 인과'에
대해 마이클 더밋과 논쟁을 벌인 바 있다. 주요 저서로는 *Hume's Philosophy of Belief* (1961),
God and Philosophy (1966), *Thinking about Thinking* (1975) 등이 있다.

☐ 지은이/곳프리 베이지(Godfrey Vesey) ─────────────
영국 방송통신대에서 오랫동안 철학 교수로 재직하였으며, 지금은 명예 교수로 있다.
심리철학의 여러 주제에 대해 많은 글을 발표하였는데, 주로 비트겐슈타인의 관점을 취하
고 있다. 주요 저서로는 *Personal Identity : A Philosophical Analysis* (1974), *Philosophers
Ancient and Modern* (1987), *Inner and Outer* (1991) 등이 있다.

☐ 옮긴이/ 안세권 ─────────────
계명대 철학과를 졸업한 뒤 미국 서던일리노이대에서 '자아동일성'에 대한 연구로 박사
학위를 받았으며, 지금은 계명대 철학과 교수로 있다. 주요 논문으로는 「심리철학, 신경과
학 그리고 의식의 문제」(1999), 「인격동일성과 실체」(2000), 「흄의 자아동일성 개념」
(2004), 「비트겐슈타인과 자기 인식의 문제」(2006) 등이 있다.

행위와 필연

초판 1쇄 인쇄 / 2006년 8월 25일
초판 1쇄 발행 / 2006년 8월 30일
■
지은이 / 앤터니 플루 · 곳프리 베이지
옮긴이 / 안 세 권
펴낸이 / 전 춘 호
펴낸곳 / 철학과현실사
서울특별시 서초구 양재동 338의 10호
전화 579—5908~9
■
등록일자 / 1987년 12월 15일(등록번호 : 제1—583호)

ISBN 89-7775-601-4 03160
*잘못된 책은 바꾸어 드립니다.
*옮긴이와의 협의에 따라 인지를 생략합니다.

값 12,000원